KB053945

자식에게 물려줄
주식 투자 원칙

장기 투자 끝판왕 최고의 유산

자식에게 물려줄
주식 투자 원칙

최병운(동방박사) 지음

매일경제신문사

들어가는 말

필자는 2019년 출간한 《실패 없는 1등주 실전 주식 투자》에서 인생역전을 위한 장기 투자 방법을 소개했다. 이 책에서 인생은 장기 투자이고 장기 투자를 잘 한다면 성공한 인생이 될 수 있음을 이야기한 바 있다. 주식 투자를 하는 것은 우리 인생과 비슷하다. 인생에 오르막과 내리막이 있듯이 주식시장도 오래도록 지루하게 머물러 있어 어려울 때도 있고 또 불같이 타올라 아주 좋을 때도 있다. 이처럼 변화무쌍한 주식 인생(상황)에서 필자의 장기 투자 비법에 대해 늘 공감하고 함께 동행해주는 여러분들께 감사를 드린다. 장기 투자는 말처럼 쉬운 일이 아니며 또 하고 싶다고 생각대로 되는 것이 아니다. 공부도 많이 해야 하고 긴 시간 인내가 필요하기 때문이다. 많은 투자자들이 장기 투자를 소망한다. 하지만 대다수의 투자자들이 소망하는 것처럼 장기 투자를 잘 해내지 못한다.

이번 책에서 다룰 '자식에게 물려줄 주식'의 경우도 장기 투자가 기본이다. 주식리딩전문가 중 장기 투자를 강조하고 실천하도록 리딩하고 장기 투자로 인생역전을 하도록 돕는 전문가는 찾아보기 힘들다. 특히 유료방송에서 장기 투자를 하도록 하는 것은 현실적으로 매우 힘든 구조다. 매월 회원을 유지하고 회비를 결제받아야 하는 유료시스템을 기반으로 한 생방송에서 전문가는 회원들에게 자주 수익 날 종목을 추천하여 이익이 빨리 나도록 할 수밖에 없다. 이익 실현을 자주 해주어야 시스템이 유지된다. 예를 들어, 10종목 추천했을 때 3종목은 손실을 보더라도(비중 약 20%라 하더라도) 7종목 정도는 수익을 내야 회원을 유지할 수 있다. 이러한 이유로 장기 투자만 할 것을 적극적으로 권하기가 쉽지 않다. 또한 단기 매매의 한계를 누구보다 잘 알고 있는 장기 투자자가 단기 매매를 추천하게 될 때 수익 내기 어려운 환경이 많이 발생하는 주식시장의 특성상 어려움이 많은 것이 사실이다.

장기 투자의 경우 장기 투자 비법이 중요하다. 장기 투자 비법을 공부한 사람이라면 기본적으로 장기 투자 비법을 자녀에게 물려줘도 된다. 자식에게 물려줄 주식은 장기 투자 주식보다 한 단계 더 높은 단계라고 할 수 있다. 장기 투자 주식은 어느 정도 기간이 지난 후 시세가 폭발하여 적정 가치보다 오버슈팅하면 팔게 되는 종목이다. 자녀에게 물려줄 주식은 한 단계 더 나아가 어떤 경우에도 손절 없는 주식이라고 할 수 있다.

예를 들어, 일반적으로 3년, 5년, 10년 정도의 기간 동안 장기 투자를 한다고 볼 때 어느 시점에서는 꼭 팔아야 할 종목이 있기 마련이다. 만약 바이오주가 폭등했다면 팔아서 비중을 축소해야 한다. 예를 들면, 에이치엘비가 1,000원에서 4, 5만 원까지 대폭등했다가 이후 3배로 오르면 10만 원이나 12만 원 이상부터 팔 생각을 해야 한다. 다시 대폭락하는 시점에 또 사면 된다. 그 이유는 실적이나 신약 개발은 현실적으로 성공하기 어렵고 성공했다 하더라도 고점 대비 반 정도의 수익률이 나오기도 하기 때문이다. 바이오주는 테마로 움직이기 때문에 많이 올랐을 때는 팔아야만 하는 것도 있다. 하지만 자식에게 물려줄 주식은 이런 주식이 아니다. 장기 투자를 초월한 개념이라는 것을 꼭 기억해야 한다. 손해난 주식을 자녀한테 물려주는 개념이 아니라 어떤 경우에도 무조건 10배 수익으로 가는 주식들이어야 한다.

이 책을 읽고 나면 자녀에게 훌륭한 것을 물려줄 수 있는 비법에 눈을 뜰 것이다. 돈이 많은 사람들은 자식에게 주식이 아닌 그냥 현금을 물려주고도 충분히 여유로울 수 있다. 그러나 중산층인 경우 자식에게 남겨 줄 재산이 그리 많지 않은 것이 현실이다. 이런 상황에서 중산층 부모가 미성년인 자녀에게 1,000만 원어치의 주식을 사준다면 성년이 된 자녀는 10억 원 또는 그 이상의 재산을 선물로 받은 셈이 된다.

자식에게 물려줄 주식은 중산층인 부모가 자식에게 넘길 수 있는 가장 큰 유산이라고 할 수도 있다. 자식에게 물려줄 주식의 모든 것에 대해 알고 싶다면 이 책을 통해 공부하고 꾸준히 실천해보기 바란다. 1부에서는 '인구 구조의 변화', '주식 투자 수익과 투자 심리', '성공적인 주식 투자 전략'에 대해 살펴본다. 2부에서는 '자녀에게 물려줄 주식의 특징', '자식에게 물려줄 주식 3대 투자 비법', '자식에게 물려줄 주식 공개 분석', '필자 회원들의 자식에게 물려준 주식 계좌 사례 및 결과' 등을 살펴본다. 그런 후 최종 투자 전략을 제시해보고자 한다.

주식은 마인드가 중요하다. 이 책을 통해 확실한 신념을 갖게 되면 나와 내 자식을 위해서 끊임없이 좋은 주식을 사서 물려줄 수 있을 것이다. 내가 이미 산 주식이 내려가도 더 사고 싶은 그 정도의 마인드를 가질 수 있을 것이다. 투자자의 마인드가 바뀌면 주식에 대한 접근도 바뀌게 된다. 주식은 돈을 벌 수 있는 기회, 그것도 아주 큰돈을 벌 수 있는 기회를 제공해준다. 돈을 버는 것에 대해 시간의 개념을 여유롭게 가져가면 주식으로 많은 돈을 벌 수 있다. 주식 투자자들이 빨리 무언가를 이뤄야 한다는 조급한 마음으로 시간의 개념을 급하게 가져가는 경우가 많은데 이런 경우 돈 벌기가 쉽지 않다. 주식 인생이 도박하듯 흘러가 버릴 수 있다.

인간의 3대 행복 조건에 대해 살펴보자. 행복한 인생의 3대 필요충분조건으로는 가족, 집, 직장 이 세 가지 요소를 꼽을 수 있다. 직장은 기본적인 경제활동을 하는 일터이고, 집은 보금자리로 행복의

인간의 3대 행복과 유산

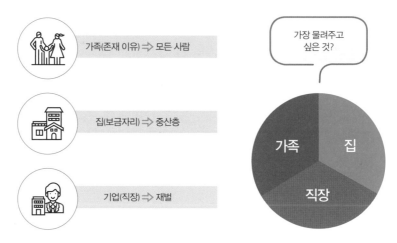

기초적인 요소이며, 가족은 존재 이유가 되는 가장 중요한 요소다. 가족은 다른 무엇보다 삶의 중심이 되는 가장 중요하고도 큰 조건이라고 할 수 있다. 사람들은 자녀를 출생하고 또 그 자녀는 그들의 자녀를 낳는다. 대를 이으면서 가족은 또 다른 가족으로 계속 유지된다.

우리나라 중산층은 기본적으로 자녀에게 집 한 채라도 물려주고 싶은 소망을 갖고 있다. 그래서 우리나라는 한국주택금융공사 주택연금 가입 비율이 매우 낮은 편이다. 다른 것은 물려주지 못하더라도 집만큼은 물려주고 싶어 한다. 자신들의 노후는 연금으로 버티더라도 유일한 재산인 집만큼은 자녀에게 물려주고 싶은 것이다. 재벌의 경우라면 자녀에게 자신의 직장, 즉 기업을 물려줄 수 있겠지만 일반적인 중산층의 경우 자식에게 물려줄 수 있는 금전적인 부분은 아쉽게도 십 한 채가 전부일 것이다. 필자는 주식으로 논 버는 비법을 통해 자식에게 하나라도 더 물려주고 싶은 이들에게 도움을 주고자 한다. 장기 투자 비법 중 하나인 자식에게 물려줄 주식의 모든 것에 대한 투자 전략을 담은 이 책을 통해 모든 독자들과 그 자식들이 부자가 되길 소망한다.

차례

2부 》 자식에게 물려줄 주식

4장 자식에게 물려줄 주식이란?

» 재산 상속의 기본 마인드 99
» 자식에게 물려줄 주식의 특징 112
» 자식에게 물려줄 주식 3대 투자 비법 121

5장 어떤 종목을 자식에게 물려줄 것인가?

» 지금도 우상향 중, 대한민국 1등주 '삼성전자' 139
» 6년 전 반타작, 이제 겨우 회복한 '현대차' 144
» 20년 전 반타작, 20년 동안 바닥만 기는 'SK텔레콤' 149
» 2008년 이후 지속 하락, 아직도 하락하는 '현대중공업' 152
» 2015년 고점 이후 지속 하락, 바닥이 어디일까? '아모레퍼시픽' 155
» 10년 전 반타작, 3년 전 본전, 땅 파고 건물 짓는 시대 끝났다 '현대건설' 158
» 3년 전 저가 대비 2배 오른 게 전부 'KB금융' 161
» 10년 전 본전, 20년 전 10배, 30년 전 100배 '농심' 165
» 2015년부터 하락세 지속, 빵도 덜 먹는다 'SPC삼립' 168
» 10년 전 100배, 5년 전 10배, 지금도 사야 하나? '셀트리온' 171

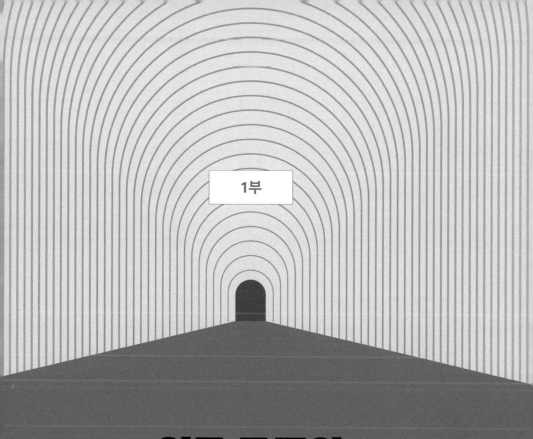

1부

인구 구조와
주식시장

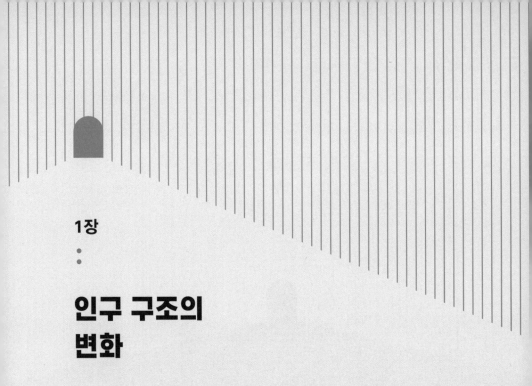

1장
:

인구 구조의
변화

베이비붐 세대 은퇴와
버블 붕괴

우리 사회는 현재 50대 이상이 많은 인구 구조를 갖고 있다. 장기적으로 보았을 때 경제성장과 침체의 결정적 요소는 인구 구조의 변화요인이다. 따라서 장기 주식 투자 전략 수립에 가장 중요하게 고려할 요소는 인구 구조의 변화라 할 수 있다. 인구 구조의 변화는 장기적인 투자 환경에 기조적인 영향을 미치는 상수다. 이에 인구 구조의 변화와 그 흐름에 대해 자세히 살펴보고자 한다.

베이비붐 세대, X세대, 밀레니얼 세대

현재 60대 이상은 베이비붐 세대로 정년퇴직한 세대다. 베이비붐 세대는 어릴 때 전쟁을 겪고 경제적으로 어려웠던 경제개발 시대를 경험했던 세대다. X세대는 보통 1962년에서 1975년 사이에

이민을 감안한 출생자 수

※ 출생의 속도와 높이가 전체 출생자 규모보다 더 중요하다

자료: 미국 인구조사국, 국립보건통계센터, 덴트리서치

출생한 세대, 밀레니얼 세대는 1976년에서 2007년 사이에 출생한 세대로 이 두 세대는 인구가 가장 많은 세대이지만 개념은 서로 다르다.

X세대는 아주 풍족한 세대는 아니었지만 그래도 가정을 이루고 취직을 하는 데 큰 지장이 없던 중간에 낀 세대이고, 밀레니얼 세대는 자기 위주의 삶을 사는 세대다. 당시 1억 920만 명이었던 베이비붐 세대(1934년에서 1961년 사이에 태어난 세대)는 인구가 빠르게 늘어나는 데 기여한 세대다. X세대는 6,100만 명으로 비교적 적게 태

어난 세대다. 베이비부머들은 자녀를 평균 2명 이상 낳은 세대이고, X세대는 한 자녀 낳기 운동 등 정부정책에 의해 상대적으로 자녀를 적게 낳았던 세대다. 1955년부터 1980년까지는 인플레이션, 즉 버블 시대로 유가가 폭등하는 오일쇼크가 지배했던 시대였다. 특히 70년대 후반부터는 강력한 인플레이션이 지배했다. 1983년부터 2007년까지는 현대 역사상 가장 큰 버블을 보인 시기였다. 따라서 베이비붐 세대들은 인플레이션, 버블로 인해 열심히 일만 하고 놀지는 못한 그런 세대다.

밀레니얼 세대의 부모들은 돈을 벌고 돈을 쓰는 데는 지장이 없었던 세대로 풍족한 편이었다. 가정을 이루게 되고 아무래도 소비에 자유로운 자녀들이 있었기에 소비가 조금씩 늘어났다. X세대는 베이비붐 세대가 경제 개발을 시작하여 성과를 거두는 시기에 가세하여 더 크게 경제를 발전시켰다. 그러면서 어느 정도 여유가 생겼고 소비를 시작한 세대였다. 그에 비해 밀레니얼 세대는 돈을 버는 것보다 소비의 비중이 더 높다. 부모인 베이비붐 세대나 X세대가 발전시킨 경제성장의 성과를 밀레니얼 세대가 누리기 시작한 것이다. 또한 경제가 그렇게 나쁘지 않아서 살아가는 데 큰 지장 없이 부모의 돈으로 삶을 즐겼던 선진국 세대라고 할 수 있다. 하지만 취업을 하고 스스로 부를 쌓는 데는 어려움을 겪는 세대다.

현재 시기는 가장 강력한 권력과 부가 행사되고 있는 주기라 할 수 있다. 특히 2008년도 미국 금융위기 이후 시금까지 권력과 부가 한곳에 몰려 있다. 권력과 부, 인구가 베이비부머, X세대에게 집중되어 있다는 것에 포커스를 맞춰서 집중 분석해봐야 한다. 그래야 앞으로 시대가 변해가는 것에 대한 설명을 이해하고 투자 전략을 수립하는 데 참고할 수 있다.

〈이민을 감안한 출생자 수〉의 자료를 보면 출생 속도와 높이가 전체 출생자 규모보다 더 중요하다. 출생의 속도와 높이를 감안하여 전체 규모 수가 가장 많은 세대는 밀레니얼 세대다. 1억 4,630만 명이다. 베이비붐 세대보다 4,630만 명 더 많다. 베이비붐 세대는 전쟁이 끝나고 출산을 많이 했다. 너무 많은 출산이 있다 보니 X세대에 해당되는 60년대에는 급기야 한 자녀 낳기 운동이 벌어졌다. '아들 딸 가리지 말고 한 자녀만 낳아서 잘 키우자' 라는 정부정책이 나왔던 것이다.

1934년도에서 1961년도까지 베이비붐 세대에는 전쟁이 있었고 무척 가난하고 어려웠던 시기였다. 주로 한 가정에 4~5명의 아이를 낳는 등 매우 빠른 속도로 출생이 이루어졌다. 다음 세대인 X세대의 인구 수는 6,100만 명으로 베이비붐 세대에 비해 크게 적은 편이다. 밀레니얼 세대 인구수를 살펴보면 전체적으로는 갑자기 20년 동안 증가된 이후 10년간 그 수가 유지되어 인구 수가 가장 많은 세대가 된 것이다. 인구 구조의 변화에 대한 기초적인 이해를 위해서 앞에서 제시한 표와 그래프의 내용을 잘 살펴볼 필요가 있다.

세대에 영향을 미치는 요소

세대에 크게 영향을 미치는 요소에는 세 가지가 있다. 바로 '인플레이션과 혁신', '지출과 가정', '권력과 부'다. 베이비붐 세대는 인플레이션과 혁신 세대다. X세대는 지출과 가정의 주기에 속하는데 이 세대는 돈을 벌면 버는 대로 많이 소비했던 중간 세대라고 볼 수 있다. 그 이전에는 가정을 지키기 위해서 돈을 벌기만 했었다. 가족과 함께 살며 가정을 돌보기보다 해외에 나가서 돈을 벌어야만 했던 그런 시대였다. 즉, 베이비붐 세대는 오로지 가족을 먹여 살리느라 경제 재건에 앞장서면서도 생활의 여유를 누릴 새도 없이 열심히 일만 했던 세대였다. 80년대부터는 우리나라도 올림픽을 개최하는 등 경제부흥이 본격화되면서 70년대에는 느껴보지 못한 경제적 여유가 생기기 시작했다. 또한 가정 위주로 소비가 많이 이루어져 자녀들에게 돈을 쓰면서 그런대로 여유 있게 살았던 시대였다.

그 이후부터는 지출 주기에 해당된다. 지출 주기는 현재 진행되는 주기를 의미한다. 베이비붐 세대가 남긴 흔적들을 살펴보면 1950년대, 1960년대, 1970년대 빠른 경제 발전과 더불어 인플레이션과 경제, 경영 혁신이 시작되었다. 22년 동안 지속된 혁신 주기가 끝나면서 지출 주기가 시작된다. 고도의 경제개발 영향으로 여유로운 생활이 가능해지면서 지출과 가정의 시대가 본격화된다. 이런 지출 주기는 46년간 이어지면서 정점을 찍고 내려가고 있다. 베이비붐 세대가 가성을 이루고 소비를 본격화한 2000년 초반 이후 10

세대가 영향을 미치는 세 가지 주기

(단위: 백만 명, 년)

● 베이비붐 세대가 남긴 흔적들

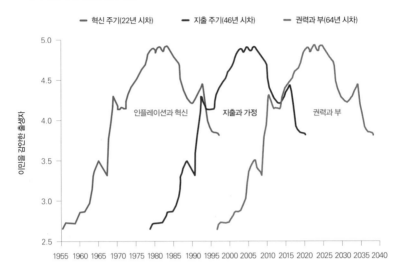

자료: 국립보건통계센터, 덴트리서치

년 정도 지난 2010년대부터 베이비붐 세대가 권력을 잡고 부를 급격히 쌓아가는 권력과 부 주기가 10년간 가파르게 올라간다. 권력과 부 주기는 64년 시차로부터 이동하게 된다. 2021년 이미 베이비붐 세대의 권력과 부 시대는 정점을 찍고 내려가는 중이다. 2010년도 초반까지는 국내 소비나 경제가 좋아서 어떠한 사업이나 장사를 해도 경제적으로 꽤 괜찮은 여유로운 시기였다.

그러나 지출 주기는 현재 계속 내려가는 추세다. 지출이 적어진다는 것은 소비가 줄어든다는 뜻이다. 소비가 줄어들기 때문에 결과적으로 소비를 위주로 하는 기업들도 힘들어지게 된다. 특히 2010년 중반까지 반등 이후 다시 하락하는 주기가 되고 있다. 1980년 돈을 쓰는 지출 주기가 올라간 이후 2000년 초반 지출의 최고 정점을 찍은 다음 현재까지 약 20년 정도 지출이 줄어들고 있다. 지출이 내려가기 시작한 이후 지금은 인플레이션과 경제, 경영 혁신이 일어나지 않고 있다. 소비자 물가 지수는 3% 이상 나오지 않고 있다. 전 세계적으로 거의 동일한 현상이다.

다음으로 권력과 부의 주기를 살펴보자. 권력과 부는 80년대 후반부터 시작하여 2015년도에 최고 정점을 찍으면서 이동한 것을 알수 있다. 현재 X세대는 40대, 50대가 속한 세대다. 사회에서 실제로 권력을 갖고 있는 기업의 실세와 영향력 있는 개인은 대부분 이 세대에 걸쳐 있다. 그래도 아직은 50~60대 세대가 권력의 정점에 있지만 베이비붐 세대가 은퇴하고 X세대의 은퇴가 시작되는 시기가 되면 권력과 부도 자연스럽게 이동한다. 약 5년 후 현재 60대 초반 베이비부머가 60대 후반이 되면 권력과 부도 다음 세대로 빠르게 이동할 것이다.

2050년에 근접하게 되면 권력과 부도 이동하여 막바지에 다다르고 한쪽으로 몰리게 되는데 이것은 그 세대가 지속적으로 은퇴를 했다는 의미다. 권력과 부를 자녀한테 물려주었다는 것이다. 그럼으로써 권력과 부는 새로운 세대에게 분산된다. 집중되었다가 분산되는 그러한 구조가 지금 막 진행되고 있다. 인구 구조의 전체적인 흐름이 이와 같이 바뀌고 있다는 것을 인식하고 있어야 한다.

그러면 우리는 어떻게 투자 전략을 수립해야 하는가? 지출이 줄어들고 있는 와중에 권력과 부도 이동하면서 분산되고 있다. 부가 한쪽으로 쏠려 부를 더 많이 가져가는 사람도 있지만 전체적으로는 권력과 부가 내려가고 있다. 권력과 부를 갖고 있는 베이비붐 세대와 X세대가 자녀 세대인 밀레니얼 세대에게 권력과 부를 나눠주는 형국이다. 지금은 X세대가 권력과 부를 장악하게 되면서 베이비붐 세대는 가면 갈수록 힘을 못 쓰고 빠르게 은퇴하는 시대를 맞이하고 있다. 이런 개념으로 이해하면 된다. 경제 구조, 인구 구조가 변하기 때문에 미래 투자환경도 이러한 구조적 변화에 크게 영향을 받을 것이 분명하다. 이런 큰 인구 구조를 이해하고 경제환경의 변화를 주시하면서 투자에 참고할 필요가 있다.

본격적으로 시작된
고령화 시대

성장하기 쉽지 않은 인구 구조

인구 구조와 변화의 대표적인 지표 〈출생아 및 사망자 수〉 추이를 살펴보면 고령화 시대가 본격적으로 시작되고 있음을 알 수 있다. 먼저 사망자 수는 2015년부터 완만하게 증가하여 2017년에 29만 명 정도다. 출생아 수는 2015년 45만 명에서 2018년까지 3년 동안 30% 감소한 후 30만 명 초반이 되었다.

〈출생아 및 사망자 수〉를 살펴보면 중요한 사실들이 도출된다. 출생자 수는 감소 추세이고 사망자 수는 매우 완만한 수준에서 증가하고 있다. 2015년부터 사망자 수는 20~30만 명 수준에 있으며 2018년의 경우 살짝 증가한 30만 명 수준이다. 출생자 수가 30% 정도 감소할 때 사망자 수는 10%도 증가하지 않았다. 2019년부터는 세로 현상이 나타나고 있음을 알 수 있다.

출생아 및 사망자 수(1985~2067년)

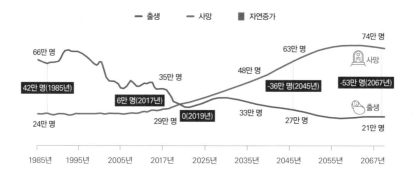

2020년 한국 출생률은 세계에서 가장 낮은 0.84명(일본 1.34)이다. 출생률이란 일정한 기간에 태어난 사람의 수가 전체 인구에 대하여 차지하는 비율이다. 한 명의 여성이 평생 동안 낳는 자식이 0.84명이라는 것이다. 이는 출생자 수가 급격히 줄어든다는 것을 의미한다. 사망자 수는 완만하게 감소하는 반면 출생아 수는 급격히 감소하고 있다. 고령화 시대에 근접했고 점차 가속화되는 상황이다.

물론 1.0에서 30% 감소하면 0.7명, 즉 10명 중에서 7명만 낳게 되는 그런 시대가 전 세계적으로 당장 오지는 않겠지만 2019년 우리나라에서는 이런 역전 현상이 가속화되고 있다. 중국도 평균 출생률 1명 이하, 65세 이상 인구가 14%대로 고령화 시대로 접어들었다. 인도도 비슷하여 앞으로 10년 후 2030년에 심각한 고령화 시대가 도래할 것으로 예상된다. 우리나라도 이미 고령화 시대에 접어들었다. 중국을 기준으로 하더라도 10년밖에 남지 않았다.

인구 구조가 이렇게 변화하고 있음을 인지하는 것이 중요하다. 50대는 10년 후 60대가 되고, 다시 10년 후 70대가 된다. 현재 평균 기대 수명은 82.8세이고, 50대 중반 이하는 평균 기대 수명이 92세 정도라고 한다. 그나마 심각하지 않았던 이유는 어쨌거나 세계 인구는 증가하고 있다는 사실 때문이었다. 그러나 2019년 이후에 인구는 감소하거나 혹 감소하지 않더라도 고령화 인구는 증가하고 있다. 상대적으로 출생자 수가 적으니 젊은 인구도 줄고 이에 따라 소비도 줄고 활력도 저하되는 그런 사회를 맞이하고 있다. 성장하기 쉽지 않은 인구 구조로 변해 가고 있는 것이다.

심각해져 가는 노인 문제

〈노년부양비 추이〉 그래프에서 2000년의 경우 생산가능인구(15~64세 인구) 100명당 65세 이상 인구의 노년부양비 비중이 10% 정도였다. 그러나 앞으로 20년 뒤 노년부양비 추이는 3배 정도 증가할 것으로 추산된다. 노년인구가 58.2%가 될 것으로 추정되는 2040년에는 유소년 대비 노년인구가 3배 이상 증가할 것이다. 2060년도에는 거의 4배 수준에 도달할 것으로 추측된다. 이것이 바로 인구 구조의 변화로 인한 노년부양비의 심각한 현실이다. 노년부양비의 노령화지수는 끝없이 올라가는 구조다. 약 20년 뒤에는 젊은 층

노년부양비 추이

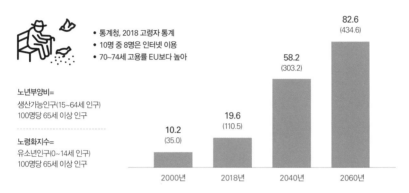

- 통계청, 2018 고령자 통계
- 10명 중 8명은 인터넷 이용
- 70~74세 고용률 EU보다 높아

노년부양비=
생산가능인구(15~64세 인구)
100명당 65세 이상 인구

노령화지수=
유소년인구(0~14세 인구)
100명당 65세 이상 인구

	2000년	2018년	2040년	2060년
노년부양비	10.2	19.6	58.2	82.6
(노령화지수)	(35.0)	(110.5)	(303.2)	(434.6)

※ ( )안은 노령화지수

자료: 통계청

이 고령인구의 연금을 부담하는 형태, 노년부양비가 급증하게 된다. 한 명당 고령자 3명을 부양해야 하는 것이다.

우리나라는 노년 취업률이 가장 높은 편이다. 그러나 고령자 생활비 마련 방법에 있어 계속 복지 포퓰리즘 정책으로 재산 축소 및 경제상황이 좋지 않을 것이라는 의견도 많다. 물론 그럴 수도 있다. 그러나 우리나라 복지 정책의 수치는 아직 낮은 편이다. 복지가 낮은 수준이기 때문에 60~65세에 퇴직하면 퇴직연금이나 국민연금 등 노령연금을 받아서 살아가야 한다. 기본적으로 월 200만 원은 있어야 최소한의 생활이 보장되지만 우리나라에서 국민연금 등으로 월 200만 원 이상 받는 사람은 몇 백 명도 되지 않는다. 평균적으로 연금이 적기 때문에 고령자 스스로 생활비를 마련해야 하

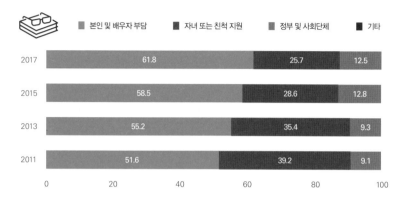

고령자의 생활비 마련 방법 (단위: %)

■ 본인 및 배우자 부담　■ 자녀 또는 친척 지원　■ 정부 및 사회단체　■ 기타

연도	본인 및 배우자 부담	자녀 또는 친척 지원	정부 및 사회단체
2017	61.8	25.7	12.5
2015	58.5	28.6	12.8
2013	55.2	35.4	9.3
2011	51.6	39.2	9.1

자료: 통계청

는 경우가 많다. 생활비 마련 방법 중 본인 및 배우자 부담이 2011년 51.6%에서 2017년에는 61.8%로 더 증가했다. 그 다음에 자녀 또는 친척 등의 생활비 지원이 25.7%, 정부 및 사회단체 지원이 12.5%였다.

정부가 나선다고 고령자 생활비 마련 방법이 완벽하게 해결되는 것은 아니다. 자녀나 친지의 지원을 받거나 혹은 본인이 벌거나 결국은 스스로의 힘으로 해결해야 하는 것이 현실이다. 생활비 마련 방법 해결구조에 있어서 최소 월 300만 원 수입이 있으면 한 달 생활을 위해 수입에 맞춰 소비를 줄일 수밖에 없다. 그러다 보면 지출이 줄게 되고 그에 따라 소비 감소로 관련 산업도 어려운 상황이 되는 것이다.

대다수 고령자의 생활비가 연금수령 금액기준 150만 원 이상이 되는 경우는 10%노 되지 않는다. 얼마 안 되는 비중이다. 2018년 기준 연금수령액을 100만 원 이상 받는 고령자도 100명 중 24명밖에 안 된다. 고령자 100명 중 24명만 연금을 받아 기본생활이 가능하고 나머지 76명은 연금수령만으로 기본적인 생활을 하기 어렵다. 연금 수령 현황을 살펴보면 우리나라는 OECD 국가 중 노인 취업률 1등인데, 이는 우리나라 고령자들이 노후생활에 대한 준비가 거의 안 됐다는 사실을 말해주는 것이다. 대부분의 고령자가 열심히 일했지만 자녀를 키우느라 겨우 집 한 채 정도 마련한 수준이다.

6억 원에서 10억 원 상당의 집이 있다고 할 때 주택연금에 가입하면 한 달에 150만 원 정도는 받을 수 있다. 그러나 생활비를 감안하면 얼마 안 되는 금액이다. 아쉽지 않게 생활하기는 어렵다. 그래서 돈을 쓰기 쉽지 않다. 이렇게 고령자의 경제생활이 크게 개선되지 않으면 갈수록 소비의 불황이 계속될 수밖에 없다. 이런 현상은 우리나라에만 해당되는 것이 아니라 전 세계적으로 심각한 수준이며 우리나라의 경우 더 심한 편에 속한다. 이런 구조가 과거와 대비하여 변화되는 현상이기 때문에 관련된 기업들의 실적이 좋지 않은 것은 당연하다. 이런 변화 현상을 공부하고 실전 투자에 참고해야 한다. 그래야 주식 투자가 쉬워지고 편안하게 투자하며 돈을 벌어갈 수 있다.

미래의 경제적 위치

한국 고령자의 경우 일은 많고 빈곤율은 높다. 한국 고령자의 빈곤율은 65~69세 고용률 상위 5개 국가 중 45.5%로 1등이다. 그 5개 국가 중 GDP가 한국보다 낮은 나라는 고용률 32.8%인 에스토니아, 22%인 리트비아 등이다. 스웨덴의 경우 빈곤율은 높지만 고령층이 일을 할 수 있는 시스템이 잘 만들어져 있다. 70~74세 고용률 상위 5개 국가에서도 한국은 1등이다. 여기서 1등의 의미는 아주 심각하게는 소비가 안 되는 나쁜 경우에 해당된다고 볼 수 있다. 벌어서 기본적인 생활을 하기에도 빠듯하다는 의미다. 65세 이상 상대적 빈곤율 상위 5개 국가를 보면 여기서도 한국은 상위군에 속한다. 그 다음 55~79세가 취업을 원하는 이유는 생활비 보탬이 59%다. 결국 모든 지표가 생활비와 연결된다. 살기 위해서 버는 것이다.

일하는 즐거움으로 취업을 하는 경우는 33.9%로 얼마 안 된다. 즉, 60% 정도 계층은 경제 활력에 보탬이 되는 소비가 힘들다고 볼 수 있다. 고령화가 진행될수록 경제 활력은 떨어진다는 결론이다. 경제 활력이 떨어지면 소비 침체로 기업의 실적은 부진할 것이고 경기 부진이 장기화되기 때문에 결국 기업들은 쇠퇴할 것이다.

2018 국민연금연구원에서 발표한 〈중고령자의 경제생활 및 노후준비 실태 보고서〉에 의하면 노후에 기본적인 생활을 할 수 있는 월 최소생활비로 부부 가구는 약 176만 원, 1인 가구는 약 108민 원

국가별 고령자의 빈곤율

(단위: %, 한국과 EU 28개국 기준)

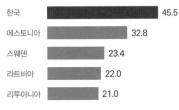

● 65~69세 고용률 상위 5개 국가

한국	45.5
에스토니아	32.8
스웨덴	23.4
라트비아	22.0
리투아니아	21.0

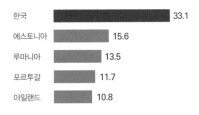

● 70~74세 고용률 상위 5개 국가

한국	33.1
에스토니아	15.6
루마니아	13.5
포르투갈	11.7
아일랜드	10.8

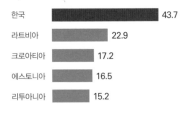

● 65세 이상 상대적 빈곤율 상위 5개 국가

한국	43.7
라트비아	22.9
크로아티아	17.2
에스토니아	16.5
리투아니아	15.2

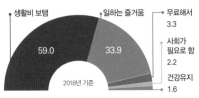

● 55~79세가 취업을 원하는 이유

생활비 보탬 59.0
일하는 즐거움 33.9
무료해서 3.3
사회가 필요로 함 2.2
건강유지 1.6
2018년 기준

※ 통계청의 '2017 경제활동인구조사'와 EU가 작성한 'Labour Force Survey 2017' 비교

자료: 통계청

이 필요한 것으로 조사됐다. 또한 표준생활을 유지하기 위한 월 적정생활비로 부부 가구는 약 243만 원, 1인 가구는 약 158만 원이 필요한 것으로 나타났다. 설문조사에서 나타난 최소생활비와 적정생활비는 개인차가 크기 때문에 절대금액 자체에 큰 의미를 둘 필요는 없다. 그럼에도 불구하고 이런 방식으로 최소생활비를 산출해보는 것은 필요하다. 은퇴 후 필요한 적정 노후 생활비는 개인차가 크기 때문에 큰 의미는 없다. 거주지가 도시와 농촌인지에 따라서도

은퇴 후에 필요한 노후생활비

(단위: 만 원)

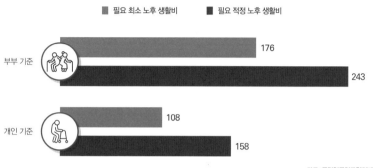

■ 필요 최소 노후 생활비   ■ 필요 적정 노후 생활비

부부 기준
176
243

개인 기준
108
158

자료: 국민연금연구원(2018)

큰 차이가 있을 것이다. 그러나 필요 적정 노후 생활비가 부부 기준 243만 원이라는 것은 국민연금 등 공적연금만으로는 부족하다는 것이다. 그래서 미리 은퇴 전에 노후준비를 충분히 하든지 아니면 은퇴 이후 지금 당장 아주 적은 돈으로라도 주식 투자를 해야 한다. 그리고 이 책을 통해 나와 내 자식을 돈에서 해방할 수 있는 투자 방법을 공부해서 실천해나가면 된다.

감사원의 충격적인 인구 보고서

큰 시대 흐름에 부응한 투자가 정답

일본에 충격을 던진 인구 보고서인 〈마스다보고서〉의 한국판이라는 평가를 받는 감사원의 〈인구 구조변화 대응실태 보고서〉를 살펴보자. 한국 인구는 100년 전 일제 강점기 때 조선인 인구는 약 1,697만 명 정도였는데 앞으로 100년 후인 2117년경 대한민국 인구가 1,510만 명으로 줄어든다는 결과다. 즉, 2117년 대한민국 인구가 지금의 경기도 인구보다 조금 많은 정도에 불과할 거라는 이야기다. 인구 수가 네덜란드(1,750만 명)보다 적은 국가가 된다는 것이다. 여기에다가 65세 이상 고령자의 수가 절반 이상이라는 것이다. 일할 사람도 없다는 의미다. 초고령사회 진입을 목전에 둔 감사원의 100년 뒤 인구 추계 보고서는 이처럼 충격적이다.

감사원은 "우리나라 시, 군, 구들이 약 30년 후부터 모두 소멸 위

2017~2117 한국 인구전망

(단위: 만 명)

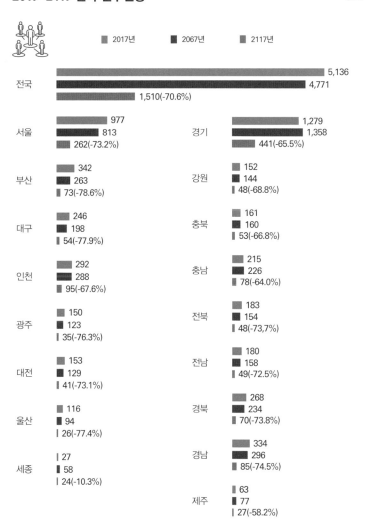

■ 2017년　　■ 2067년　　■ 2117년

전국
5,136
4,771
1,510(-70.6%)

서울
977
813
262(-73.2%)

경기
1,279
1,358
441(-65.5%)

부산
342
263
73(-78.6%)

강원
152
144
48(-68.8%)

대구
246
198
54(-77.9%)

충북
161
160
53(-66.8%)

인천
292
288
95(-67.6%)

충남
215
226
78(-64.0%)

광주
150
123
35(-76.3%)

전북
183
154
48(-73,7%)

대전
153
129
41(-73.1%)

전남
180
158
49(-72.5%)

울산
116
94
26(-77.4%)

경북
268
234
70(-73.8%)

세종
27
58
24(-10.3%)

경남
334
296
85(-74.5%)

제주
63
77
27(-58.2%)

※ ( ) 안은 2017년 대비 2117년 증감률

자료: 감사원

험 단계에 진입해 인구학적으로 쇠퇴 위험 단계에 들어간다"라고 한다. 즉, 고령, 초고령층 중심 사회가 되어서 공동체 기반이 점차 소멸될 것이라 한다. 이 보고서가 현실화된다면 지금 30대 이하 자식들이 은퇴하는 시기 이전에 이미 모든 것이 소멸된 상태(각종 연금 고갈, 각 도시 붕괴 등)가 될 것이다.

세상의 변화는 우리가 상상하는 것 이상으로 빠르고 급격히 진행되고 있다. 그 결정적 요소는 인구 구조의 변화다. 그리고 또 하나의 변화는 기술 혁명이다. 기술의 발전은 순차적으로 산술급수적으로 진행되다가 어느 순간 기하급수적으로 혁명적으로 이루어진다는 것을 인식하고 있어야 한다. 그렇다면 투자 환경도 빠르게 변화할 것이고 투자 패러다임 또한 급격히 전환될 것이다. 미국의 경우 이미 2012년부터 빅테크 기업이 세상을 장악해가고 있다. 주식 투자도 이런 큰 시대 흐름에 부응한 투자가 정답인 것이다. 즉, 실패 없는 1등주 투자만이 성공하는 시대가 더욱더 공고해질 것이라는 전망이다.

퍼펙트스톰, 현실이 되다

앞으로 15년, 20년 뒤 경기 침체 장기화, 급격한 고령화, 인구감소가 도래한다면 자산가치가 급락하는 것은 당연한 일이다. 이에 연금 고갈 등의 부작용을 감안할 때 당연히 연금을 받을 수 있다는 생각을 가져서는 안 된다. 고령화와 더불어 인구 감소로 경제, 사회 전반이 심각해지는 퍼펙트스톰이 올 수도 있다. 생활하는 데 필요한 돈은 일정하다. 수입 대비 지출이 많으면 당연히 마이너스가 된다. 그래서 연금을 내는 인구가 1이고 고령화 인구가 3이라면 마이너스다. 이런 마이너스 구조를 어떻게 메꿔 가야 할지 고민해야 한다.

정부가 계속 지원해주면 되겠지만 소비가 늘지 않는 시대, 경제 부진이 이어지는 상태에서 정부가 재정을 지속적으로 투입하게 되면 결국 정부의 빚도 증가하게 된다. 일본 같은 경우에는 정부가 빚을 많이 떠안고 천문학적인 돈을 풀었지만 경제 성장이 1% 이상 오르지 못하는 구조다. 고령화 사회에 진입하여 소비가 활성화될 수 없기 때문이다. 일본에는 기업 간, 개인 간 심각한 경쟁이 벌어지고 있는데 돈이 없어 그런 것이 아니다. 성장 산업, 성장 가계가 적기 때문이다. 즉, 산업이나 가계가 성숙 단계의 사이클에 갇혀 있다는 얘기다.

매스컴에 의하면 70~80세 이상의 고령층이 투자 설명회 등에 많이 참석하는 등 매우 열심히 재테크 공부를 하고 있다. 증권사 직원보다 재테크 수단을 더 많이 알고 있을 정도로 고령층이 절박하게 공부할 수밖에 없는 시대다. 나아가 그들은 글로벌 베트남 펀드 등에 투자하여 꾸준히 돈을 벌 수 있는지 등 안정적인 재테크를 위해 많은 고민을 하고 있다고 한다. 돈을 예전처럼 고정직으로 버는 것이 힘들기 때문이다. 취업을 하고자 하는 고령자가 너무 많은 것도 문세나. 서기에 더해 소비가 잘 이루어지지 않는 시대에 모든 곳이 불황이라 일할 기회도 별로 없다. 소비 활성화가 이루어지지 않고 성장 자체가 안 되고 인플레이션도 일어나지 않는다.

여전히 서울에 집 한 채 있으면 노후까지 어떻게든 살 수 있다고 생각하는 사람들이 많다. 그러나 순식간에 그런 구조가 변화할 수 있다는 것을 인식해야 한다. 집 한 채를 가지고 안심하기에는 10년 후, 20년 후 상황이 어떻게 변할지 전혀 알 수가 없다. 20년 후 퍼펙트스톰이 닥쳐와서 모든 자산 가치가 반타작이 되고 오를 희망이 없을 때 그때는 어떻게 해야 할까? 이러한 만약의 경우를 대비해야 한다.

필자는 2016년 2월부터 10년간 성장할 산업이 베터리 산업이라고 말해 왔다. 벌써 5년이 지나가고 있다. 그때와 비교하면 지금 배터리 산업 수혜 주식 주가는 10배 상승했다. 2019년 코로나19 이전 기준으로는 3배에서 5배 올라와 있다. 3년, 5년이 긴 것 같지만 절대 길지 않다. 지나고 보면 금방이다. 이렇게 자동차 패러다임 변화도 순식간에 코앞에 와 있을 것이다. 변화는 생각보다 빠르게 진행된다.

앞으로의 사회 시스템이 인구 구조 변화로 인해 본격적으로 바뀐다면 어떻게 될까? 우리는 미리 알고 대비해야 한다. 미래를 보는 눈을 갖고 장기 투자의 달인이 되고 싶다면 이 책의 이야기에 귀를 기울여야 한다. 패러다임 변화의 시대에 안이하게 주식 투자해서는 돈 벌기 어렵다는 것을 인식하자. 과거에 안주했던 삶의 방식으로, 또는 지금까지 보아왔던 세계관으로 미래를 바라보고 현재를 살아 간다면 10년 후, 20년 후의 내 삶은 현재와 별반 다르지 않을 것이 다. 어쩌면 고통의 연속이고, 살아 있는 것 자체가 불행이라고 느끼 고 있을지도 모른다.

2장

:

주식 투자 수익과
투자 심리

10년간
주식 투자 수익률

개인, 기관, 외인 선호 3개 종목 예상 수익률

2007년부터 2016년 말 기준으로 10년 전 각 100억 원씩 투자한 경우의 잔액과 수익률을 가정해서 연구한 논문을 살펴보자. 10년 전 자녀에게 개인이 선호하는 주식으로 100억 원을 물려주었다고 할 때 결과는 어떨까? 100억 원이 25억 원이 되었다. 여기에서 개인 선호 30개 종목은 대중 투자자들이 좋아하는 주식이라 할 수 있다. 이런 주식은 베이비붐 세대나 X세대들이 이미 많이 알고 있고 그래서 많이 들어왔던 주식이다. 그동안 시세를 주도하고 많이 올랐다 내려온 주식들이다. 예를 들면, 다들 잘 알고 있는 삼성물산, 현대차, 호텔신라, 삼성전기, 삼성증권, LG전자 등 개인들이 좋아하는 부류의 종목이라 할 수 있다. 자녀에게 이런 부류의 주식 100억 원어치를 물려주었다면 25억 원이 되어 있을 거라는 결과다.

10년 전 각 100억 원씩 투자한 경우 잔액과 수익률(2016년 말 기준)

개인 선호 30
25억 3,400만 원
-74.66%

기관 선호 30
109억 1,900만 원
-9.19%

외인 선호 30
178억 5,200만 원
78.52%

국내 주식시장 개인 투자자 특성(실질주주, 2015년 말 기준)

주주 수 470만 명	1인당 주식 수 6,268주	가장 많은 주식을 보유한 연령대 40대(총 96억 주, 전체의 32.6%)	남녀 투자자 비율 6대 4(주주 수 기준)

자료: 한국예탁결제원

또 자녀에게 10년 전 기관이 선호하는 30선 종목을 100억 원어치 물려주었다 해도 109억 원밖에 되지 않는다. 그러니 이렇게 물려줘 봐야 자식에게 별 도움이 안 된다. 주식 투자 실패하는 방법을 물려준 것이나 다름없다. 그럴 바에는 차라리 10년 전에 현금 100억 원을 주는 것이 훨씬 낫다. 현금은 손해날 걱정은 없으니 말이다. 둘 다 큰 수익을 못 올렸다는 애기다.

반면 외국인이 선호하는 30선 종목을 자녀에게 100억 원어치를 주었다면 178억 정도가 되어 78억 원의 큰 수익을 내게 된다. 10년 간 수익률이 78.52%이므로 외국인이 선호하는 주식을 자녀한테 물려주었을 때 연 평균 수익률은 단리로 7.9%가 된다.

따라서 외국인이 생각하는 투자 관념을 갖고 주식 투자를 해야한다. 투자 기간을 살펴보자. 일반적으로 투자기간을 가장 오래 가져가는 경우가 외국인이고 그 다음이 기관이다. 투자기간이 가장짧은 경우가 개인이다. 이처럼 단기매매를 가장 선호하는 개인의경우 보통 고점에 사서 자녀에게 물려주게 된다. 기관들이 대신 고른 주식을 자식에게 물려주어도 마찬가지다. 외국인들은 기본적으로 1년 이상을 보유하기도 하지만 장기적 관점과 미래가치를 우선적으로 보면서 대형주 위주로 투자한다. 이를 벤치마킹하면 주식투자를 어떻게 해야 하는지 정답을 알 수 있다. 일반적으로 대중 투자자들이 생각하는 투자 방식으로 주식을 사서는 안 된다. 외국인이 선호하는 주식을 사야 한다.

그래서 종목 선정이 중요하다. 우리가 자녀에게 물려줄 주식의종목을 선정할 때 그냥 아무렇게나 찍을 순 없다. 종목 선정은 개인투자자들이 생각하는 것과 많이 다르다. 간단히 정리하면 외국인이 선호하는 주식을 자녀에게 물려주는 것이다. 외국인이 사지않는 주식은 자녀에게 물려주면 안 된다. 우리나라 주식시장에서외국인이 장기간 종목당 보유 비중을 꾸준히 늘리면서 지금까지보유한 주식은 무엇일까? 일단 한 번 여러분 스스로 정답을 찾아보길 바란다.

시대의 흐름을 읽어야 한다

지금부터는 시대가 바뀌고 있다는 사실을 투자에 활용하는 것이 얼마나 중요한지 얘기하고자 한다. 앞서 인구 구조가 변화하면서 시대는 계속 변화한다는 사실을 살펴보았다. 이 사실을 인지하지 못하면 주식 투자는 실패하게 되어 있다. 다음 〈○○마라톤 펀드 수익률 사례〉는 ○○자산운용사의 가치 투자 펀드인 ○○마라톤 펀드 수익률의 중간 결과를 살펴본 것이다. 이런 가치 투자 펀드를 잘 운용하는 대표적인 자산운용사는 약 세 군데가 있는데 신영, 한국투자밸류, 강방천 회장의 에셋플러스다.

17년 전인 2002년도에 이 가치 투자와 장기 투자를 잘 한다고 명성을 날렸던 자산운용사 펀드에 가입했다고 가정해보자. 수익률이 무려 522%다. 17년 동안은 아주 괜찮은 수익률이다. 1억 원을 자녀한테 물려주었다면 6억 2,000만 원 정도가 되었을 것이다. 그런데 5년 수익률을 보면 25%밖에 되지 않는다. 1년 수익률로 보면 물론 지수가 빠졌으니 -7%다. 5년 전 자녀한테 물려주었다 해도 수익률이 25%밖에 되지 않는다. 2014년에 가입했던 펀드는 25% 수익이 났다. 2014년에 시작된 증시는 많이 올랐다. 하지만 5년 전체를 놓고 보면 수익률이 얼마 안 된다.

과거 아주 초기에 가입했다면 수익을 낼 수 있지만 가입한 지 얼마 안 되는 경우 수익이 별로 나지 않을 수 있고 또 앞으로 5년 뒤에 가입하면 과연 얼마나 수익률이 나올지 따져봐야 한다. 그래도 일

○○마라톤 펀드 수익률 사례(2019년 2월 14일 기준)　　　　　　　　(단위: %)

○○ 설정일	2002년 4월
1년 수익률	-7.1
5년 수익률	25.3
설정 이후 수익률	522.9
주요 편입 종목	삼성전자, KT, LG화학, 롯데쇼핑, SK 등

자료: ○○ 자산운용

단 이 17년 동안의 수익률을 보면 어느 정도 괜찮은 경우다. 여기서 중요한 것은 주요 편입종목에 자녀한테 물려줄 주식이 들어가 있다는 것이다. 즉, 삼성전자가 들어가 있어서 큰 수익이 난 것이다. KT는 계속 그 가격이다. LG화학은 올라와 있다. 롯데쇼핑은 비슷하고, SK는 조금 올라와 있다. 이런 지지부진한 종목 사이에 그나마 삼성전자를 편입해서 다행스럽게도 수익이 올라간 것이다. 수익률이라는 것은 짧게 봤을 때와 길게 봤을 때의 차이가 매우 크다. 2002년 4월 삼성전자 주가는 7,000원대였다. 2019년 가을 5만 원대이므로 7배 정도 상승했다. 이런 삼성전자의 비중이 높은 펀드였기에 펀드수익률이 6배 정도 나왔을 것으로 추정된다. 결국 자녀한테 물려줄 그 주식, 삼성전자 때문에 펀드가 살아난 것이다.

　2019년 2월 14일 기준, 13년 전인 2006년 4월　○○밸류에셋의 펀드 수익률을 살펴보자. 2019년 4월 기준 수익률이므로 13년째다.

○○밸류에셋 10년 펀드 수익률 사례(2019년 2월 14일 기준) (단위: %)

○○ 설정일	2006년 4월
1년 수익률	-11.4
5년 수익률	-9
설정 이후 수익률	127.7
주요 편입 종목	SK, NICE, S-OIL, KB금융, 현대백화점 등

자료: ○○밸류에셋 자산운용

2018년 4월부터 1년 수익률은 -11.4%, 2014년 4월부터 5년 수익률은 -9.0%로 5년 동안 기간 수익률이 마이너스다. 2014년 2월에 펀드에 가입했으면 -9%라는 얘기가 된다. 5년간 수익이 없고 오히려 마이너스 상태다. 2006년 4월에 삼성전자 주가는 13,000원 내외였고, 2014년 4월에는 27,000원 내외, 2018년 4월에는 50,000원 정도였으니 삼성전자에만 올인했다면 어땠을까? 2019년 4월 45,000원 내외에서 움직였으니 펀드에 가입하는 것보다 그냥 삼성전자를 아무 때나 사서 보유하는 게 더 좋았을 것이다.

이 펀드는 주요 편입 종목에 삼성전자가 없다. 편입 종목을 보면 SK, NICE, S-OIL 정유업체, KB금융 은행주 그리고 현대백화점 유통주다. 펀드를 운용하는 전문가들조차 바뀌고 있는 가치 개념을 반영하지 못하고 있다. 앞으로 자녀에게 물려줄 주식을 알고자 한다면 이것을 반드시 기억해야만 한다. 가치주이든 성장주이든 가장 중요한 기본은 바로 기업의 지속 성장(영속성) 여부다. 삼성전자만큼 40년간 성장이 지속된 기업이 있는가? 그런데 똑똑하고 고액 연봉을 받는 애널리스트, 펀드매니저들이 주식 투자의 가장 기본인 보유할 주식인지 매매할 주식인지를 구분하지 않았다. 삼성전자에 성장주 굴레를 씌워 많이 올랐으니 팔아야 한다고 생각한 것이다. 삼성전자는 성장가치주라는 것을 간과한 것이다. 주가가 많이 올랐으니 비싸다고 삼성전자를 팔고 다른 주식을 편입하라고들 했다. 실패 없는 1등주를 팔아서 미래가 불투명한 현재 1등주를 산 것이다. 물론 단기간 투자로는 맞는 말이지만 더 큰 수익을 놓친 셈이다.

실패 없는 1등주 가치 투자

삼성전자와 같이 실패 없는 1등주들은 단기 투자(매매)하지 말고 장기적으로 사 모으기만 해야 된다는 것을 인식하고 있어야 한다. 과거 농경시대에는 잘 사는 집이든 못 사는 집이든 일하는 소 한 마리는 기본으로 키웠다. 특히 가난한 사람들도 목돈이 마련되면 소부터 먼저 샀다. 바로 이런 마인드로 주식 투자를 해야 한다. 그랬다면 우리나라 투자자들은 지금 삼성전자를 모두 가지고 있고 그 배당금만 받고도 살아가고 있을 것이다.

경제적으로 소비의 정점은 이미 2005년에 찍었다. 그래서 소비주는 징기 투자하면 안 되었던 것이다. 물론 앞으로 소비가 더 활성화되고 인구도 늘고 경제도 활성화된다면 당연히 유통 관련주를 사도 된다. 백화점은 유통 관련주다. 유통은 결국 소비가 말해 준다. 은행주는 경기 관련주라고 봐야 한다.

경기 선행지수와 은행주가는 동행하기 때문에 경기가 좋아진다면 중기적으로는 투자하는 게 맞다. 즉, KB금융은 경기에 의해 등락하는 데 경기침체 후 회복이 시작되어도 바닥 주가 대비 몇 배 이상은 오르지 않는다. 두 배 정도 올랐다가 제자리로 내려가는 박스권 시세 흐름을 주로 보인다. S-OIL의 경우는 석유를 정제해서 국내 화학회사에 팔든가 아니면 정유(휘발유 등 석유 등)를 동남아나 중국 등에 파는 게 중요하다. 그런데 중국의 고성장은 멈추었고 경기 부진에 빠져 있어서 재차 고성장은 어려울 듯하다. SK는 SK텔레콤과 SK하이닉스를 자회사로 두고 있어 그나마 성장하고 있다. SK하이닉스는 이전에 14조 원의 영업이익이 나오다가 2018년에 25조 원의 영업이익이 나오면서 고성장했다. 2018년 SK그룹의 영업이익은 거의 대다수가 SK하이닉스의 기여다. 25조 원의 영업이익 중 20조 원은 SK하이닉스가 기여한 것이다.

SK하이닉스 이외의 기타 계열 기업들은 거의 성장하지 못하고 있다. 단기매매, 길어야 2년 보유해야 할 주식을 가지고 10년, 13년 동안 펀드를 운용하고 있으니 5년 이상 마이너스가 날 수밖에 없는 것이다. 초기 설정 이후 수익률도 13년 동안 127%밖에 나오지 않았다. 이럴 바에야 펀드운용 보수, 판매 보수 부담 없이 그냥 삼성전자만 직접 사서 보유하는 게 정답이다. 가치투자 전문가들은 TV나 매스컴에서 인터뷰할 때 주로 "가치주가 빛을 발할 때가 왔다. 가치주의 시대가 이제는 온다"고 말한다. 2021년 가을인 지금도 이제는 가치주가 빛을 발할 때가 되었다고 한다. 가치라는 PER, PBR, ROE, EBITA의 단순한 개념을 가지고 운용했다는 뜻이다.

세상은 변했다. 세상은 급속도로 바뀌어 가고 있고 투자환경도 급속도로 바뀌고 있는데 펀드매니저들은 고정관념적 사고에 빠져 시대 흐름을 못 읽고 타성에 젖어 고리타분한 운용만 일삼고 있다. 현대차도 가치주로 판단하고 그렇게 운용한 것이다. PBR 0.6배인 KB금융이나 S-OIL도 그렇고 모두 가치주라는 범주에 넣고 언젠가 빛을 볼 것이라는 생각으로 보유한 것이다. 이런 대형주를 가치주의 개념만 가지고 그냥 펀드에 집어넣는 것은 완전히 시대에 뒤떨어진 투자다.

가치주에 삼성전자가 들어가 있는 것은 그나마 다행스러운 일이다. 삼성전자 때문에 이익이 난 것이다. KT, 롯데쇼핑 등은 소비도 안 되고 이익이 줄어들고 있다. 이것은 가치주가 아니다. 그냥 돈이 많아 가진 돈으로 먹고 살기만 하는 조선시대 사대부와 같은 기업들이다. 대궐 같은 집과 수많은 농토를 가지고 있어서 개혁이나 개방 바람을 등한시하고 시대 흐름에 부합하지 않은 채 그저 세월만 보내는 식의 기업들이다. 한 푼의 투자가치도 없는 주식들인 것이나. SK그룹 중 SK텔레콤은 내한민국 1등 통신 회사지만 싱장을 못하고 있다. 통신시대는 90년대 말에 고성장이 끝이 났다. 그럼 장기 투자 주식도 가치주도 아닌 것이다. SK하이닉스만 빼고 이 펀드의 대표적인 편입 종목이 이런 수준이다.

대표적인 가치주를 앞세운 자산운용사가 투자한 가치주 펀드의 대다수가 10년 동안 이 정도 수익률밖에 얻지 못했다. 물론 과거 가치주 개념의 펀드 수익률이 잘 나왔던 시절이 있었다. 2007년 전후에는 500% 정도 나왔다. 그런데 그 이후 그 당시 자산 가치주의 개념 주가가 크게 오르지 않았다. 물론 종합주가지수가 12년간 횡보했다는 사실이 변명이 될 수도 있을 것이다. 기계주 등 다른 종목을 아무리 편입해도 돈을 벌지 못하는 것이다. 하지만 기업이라는 것은 기본적으로 영속성을 유지하기 위해 장기적으로는 실적이 끊임없이 늘어나야 한다. 이것이 기업의 존재 가치(이윤추구, 성장)인데 투자의 가장 기본인 기업의 핵심 가치를 무시한 투자는 장기 투자에 있어서 백전백패가 될 수밖에 없다. 일반적인 가치주 개념으로 투자하면 주식 투자는 필패한다.

주식 외 대안 없다

자산 인플레이션이 끝나는 그 시점을 대비하라

2021년 11월 3일 미국 증시 3대 지수가 사상 최고치를 경신했다는 뉴스가 떴다. 지난 3분기 기업들의 실적이 어닝서프라이즈(깜짝실적)를 이어가고 있다. 미 중앙은행Fed의 FOMC 성명서에 테이퍼링(자산매입축소), 금리인상 우려가 포함될지 투자자들이 예의 주시하고 있는 와중에도 주가는 하늘 높은 줄 모르고 오르고 있다. S&P500 기업 중 83%가 월가 애널리스트의 실적 추정치를 상회하는 결과가 나오고 있다고 한다. 3분기 이익증가율이 36.6%로 2010년 이후 세 번째로 높다. 이것은 코로나19 정국에서 유동성이 증시에 넘쳐나면서 세계적인 공급망 붕괴, 물가 급등의 인플레이션이 우려되는 악재를 잠재우고 있어서다. 즉, 돈의 힘이 실적 성장과 맞물리면서 지수를 사상 최고치로 밀어 올리고 있는 것이다.

앞에서 인구 구조의 변화로 고령화가 급격히 진행되면서 생산성이 낮아지는 부작용, 사회 경세가 활력을 잃어가는 시대는 생각보다 빨리 올 것이라 예측했다. 그리고 기술혁명이 기하급수적으로 진행되면 자율주행, AI 시대가 빠르게 다가오면서 인간들이 일할 곳, 돈 벌 곳이 줄어들 것이라 예측했다. 그런데 지금 상황은 어떤가? 바이러스 대유행으로 과거의 질서가 많이 바뀐 상황인데도 경제를 대변한다는 주식시장의 활황세로 투자자들은 돈을 많이 벌고 있다. 코로나19 위기 상황에서 오히려 자산 가치는 몇 배씩 올라버렸다. 자산 인플레이션 현상이 지속되고 있다. 자산을 보유한 분들은 이보다 좋을 수는 없을 것이다. 이런 상황이 지속되기만을 바라고 있을지 모른다. 또한 일자리가 없고 경제 활력이 떨어진다 해도 자산시장만 좋다면 뭐 그리 대수인가? 주식 투자하면서 부동산 투자하면서 돈 벌어서 살면 되지 않은가? 그래도 된다. 하지만 미래에도 지속적으로 지금처럼 자산 인플레이션이 지속된다는 전제가 있어야 가능한 일이다.

그러나 모든 자산 가치는 장기적으로는 기초자산인 펀더멘털에 의해 움직인다. 부동산의 기초자산은 인구 구조에 기반하고 있다. 인구가 늘어나는 구조에서는 집 건물 등이 지속적으로 늘어나야 한다. 주식시장의 기초자산은 기업이다. 기업들이 성장하지 못하고 쇠퇴해 간다면 당연히 주식시장도 쇠퇴해갈 것이다. 주식시장이 쇠퇴해 간다고 해도 그중에서 성장하는 기업 특히 독점적 지위를 누리는 기업에는 돈이 집중적으로 몰리기 마련이지만 대다수 기업의 주식은 안 좋아질 것이다. 산업생애주기와 연결해보면 정답이 나온다.

성숙기 단계에는 핵심적인 기업 몇 개만 살아남는다. 그리고 쇠퇴기 접어든 단계에는 1등주만 살아남는다. 하지만 그마저도 약세가 지속된다는 것을 이 책을 끝까지 읽으면 이해하게 될 것이다. 코로나19 상황이 2년째 지속되는 상황에서 사상 유례없는 돈을 풀었기 때문에 경제가 당장은 좋아 보일 수 있다. 그렇다고 큰 시대의 흐름(인구 구조의 변화, 본격화된 기술혁명시대 등)을 무시하고 미래를 대비하지 않으면 사상 유례없는 장기 침체를 벗어나지 못하는 상황이 올지 모른다. 필자는 현재 자산 인플레이션 시대는 길어야 2025년까지라고 예측하고 있고 그 이후 40년간 자산가치가 추세적으로 하락할 것으로 우려하고 있다. 권력은 베이비붐 세대에서 현재 X세대로 이동이 완료되는 단계에 접어들었고 부는 아직 베이비부머들이 움켜잡고 있다. 따라서 자산가치가 정점을 찍고 하락하지 않는 것이라고 생각한다.

수입의 10%를 없다고 생각하고 투자하라

코로나19라는 바이러스가 물러가고 노동력 회복, 공급망 차질 해소 등 모든 게 정상화된 이후에도 경제 활황이 지속되면 큰 문제

없이 2025년까지 자산가치 시장도 호황일 것이다. 그러나 유동성 회수와 맞물려 고금리에 더해 경기까지 침체기에 들어간다면 결코 과거로 되돌릴 수 없는 어려운 경제 상황에 놓일 것이다. 고물가 상태에서 경기 침체는 스테그플레이션을 장기화시키기 때문에 어떤 정책도 먹히지 않는 상황이 오래 지속될 수 있다. 시장 유동성이 그래도 급격히 줄어들지 않은 상태에서 대규모 실업으로 돈 벌 데가 없는 상태가 오래도록 지속된다면 결국 대안은 주식밖에 없다.

주식 투자만으로 돈을 벌어 먹고산다는 것은 불확실하고 불안한 일이다. 성장하는 기업의 주식도 찾아보기 힘들 것이다. 결국 주식 시장 안에서 대안은 테슬라Tesla, 엔비디아Nvidia 같은 성장하는 기업이 되고 이들 기업으로 돈이 몰리는 투자법이 일반화될 것이다. 현재의 활황만 보지 말고 미래의 불황이나 암울한 미래를 대비(미래에도 고성장하는 주식 보유)해야 한다. 암울한 미래 자산시장에서도 돈에서 해방되어 하고 싶은 일을 할 수 있으려면 '어떻게 해야 할까?', '정답이 뭘까?' 고민해봐야 한다. 나와 내 자식은 '어떻게 대비해야 할까?', '어떻게 하면 잘 먹고 살까?'에 대한 답을 찾는 것에서 시작해야 한다.

진짜 그런 시대가 올지 당장은 와닿지 않고, 온다 해도 그때 대응하면 된다고 안일하게 생각하는 분들이 대다수일 것이다. 하지만 그런 상황은 반드시 올 수밖에 없다. 그래서 지금부터라도 그때를 대비한 삶을 살아가야 한다. 가장 쉽고 안전하게 누구나 할 수 있는 방법이 있다. 바로 수입(급여, 사업소득, 연금 등)의 10%는 없다고 생각하고 먼저 떼어내서 주식을 사 모아가는 것이다. 수입의 10%가 없다고 내 인생이 어려워지고 어떻게 되지 않는다. 수입의 10%를 저축하지 않고 다 쓴다고 해도 내 인생이 화려하게 빛나지 않는다. 수입의 10%를 주식에 투자하는 것은 누구나 실천할 수 있는 최고의 미래 대비책이다.

수입의 10%조차도 저축할 여력이 없다면 주말이나 휴일에 아르바이트를 해서라도 그 정도의 돈은 모아서 투자할 수 있다. 이마저도 하기 싫어 실천하지 않는다면 미래의 내 찬란한 삶을 꿈꾸면 안 된다. 그냥 지금처럼 만족하고 살다가 미래의 암울한 시대에 부딪쳐도 그냥 그대로 살면 된다. 그런다고 누가 뭐라 하지 않는다. 가속화되는 디지털 시대, 구조적 고령화 사회에 직면한 최고의 돈 버는 대안은 급여, 사업소득이 아니라 주식 투자밖에 없다는 것을 강조하고 싶다.

마거릿 대처 전 영국총리의 유명한 발언인 "대안은 없다TINA, There Is No Alternative"라는 말이 지금 상황에 딱 들어맞는다. 미래를 대비하는 최고책은 주식 투자밖에 없다. 주식 투자를 한다고 해도 기존의 고정관념적 투자로는 미래가 보장되지 않는다. 최근 미국 시장을 분석했을 때 나타나는 특징은 첫째, 특이성(지수 사상최고치 경신 지속, 빅테크 기업들의 주가 고공행진세, 소수의 위대한 기업에 돈이 몰리는 현상 등), 둘째, 반복성(시대의 흐름에 부합히여 실적 성장을 지속하는 한 주가는 끊임없이 오른다는 불가변적인 주가 이론,《실패 없는 1등주 실전 주식 투자》참고), 셋째, 동의성(남들도 인정하는 엔비디아, 테슬라 주식 사 모으기 등) 이다. 미래를 예측하고 투자 심리를 이해해서 투자 아이디어를 얻는다면 답은 하나다. 아무리 암울한 시대가 닥치더라도 위대한 기업, 자식에게 물려줄 기업에는 투자자가 몰릴 수밖에 없고 오히려 더 몰리게 된다는 것이다. 이를 반드시 인식하고 있어야 한다.

투자 심리에 대한
이해

투자 심리란 투자자들의 마음상태다

투자 심리라는 것은 투자자들의 마음상태인데 그 마음상태의 근간은 바로 비관주의다. 비관주의는 예상가능한 변수에 대한 신뢰성이 부족해서 생기며 심리적 의존도가 높아지는 주요인이 된다. 투자 심리라는 것은 다양한 투자자들의 생각이 투영된 것이라 계량화할 수 있는 것이 아니기 때문에 주로 확률이라는 개념으로 표현한다. 보통 "투자 심리가 과열이다", "투자 심리가 침체다"라고 이야기하는데 투자 심리를 아무리 공부하고 연구한다 해도 정확한 답이나 기준을 내릴 수 없는 이유가 여기에 있다.

하지만 투자 심리에 대해 많이 공부하고 이해한다면 실전투자를 할 때 성공할 확률이 높다. 대중들의 심리를 파악하는 노력을 게을리하면 안 된다. 그래야만 적어도 대중들의 잘못된 판단에 휩쓸려서 부화뇌동하는 매매는 하지 않게 된다. 대중투자 심리를 잘 파악해서 그것을 근거로 다양한 투자경험을 해보고 냉철한 이성과 예리한 직관을 기른다면 올바른 투자행동으로 나아갈 수 있다.

대중 투자자들의 투자 심리는 비관주의다

대중 투자자들의 마음상태의 근간은 비관주의다. 여러 가지 변수(경기, 금리, 유동성, 물가, 정치적 상황 등)에 대한 확신이 부족하기 때문에 심리의존도가 높아진다. 이때 사고팔기 때문에 주로 비관적이고 부정적 마음 상태에서 의사 결정을 내리게 되며 따라서 잘못된 투자 결정이 반복된다. 주가가 오랜 기간 지속적으로 빠지면 비관주의가 최고조에 다다르고, 호재성 뉴스가 나와도 부정적으로 판단하게 되며, 추가 투자에 활용하지 않고 오히려 반등을 이용해서 팔아버린다. 즉, 비관주의는 초두효과에 빠지게 하고 객관적인 지각과 행동을 할 수 없게 한다.

강세론자들의 초조감으로 인해 먼저 사려고 해서 주가는 오르고(주가 상승), 약세론자의 두려움(공포)으로 인해 더 내릴 것 같아 빨리 매도하려는 심리가 작용해서 주가는 내린다(주가 하락). 모든 투자자들의 심리가 비관주의에 빠져 있기 때문에 나타나는 현상이다. 투자의 기본은 '펀더멘탈', '기술적 지표', '시장 상황'이다. 기본에 따른 객관적 판단으로 투자를 결정해야 하지만 비관주의에 빠지게 되면 심리에 제압당하기 때문에 판단오류가 발생한다.

투자 심리란 인지부조화와 일치한다

지각이란 다양한 자극으로 이루어진 감각적인 느낌, 예를 들어 어떤 사람이 '좋다', '나쁘다'를 인지하는 것을 말한다. 사람들은 보통 그동안 겪어온 경험에 의해 지각한다. 여기서 지각오류가 나타난다. 예를 들어, 5일선이 20일선 이평선을 돌파하면 골든크로스로서 매수시점이라 학습하고 이를 기반한 투자행동을 한다. 그런데 손실이 났다면 이때 지각오류가 발생한다. 물론 본인은 냉정한 판단이라 생각하겠지만 유연성이 결여된 고정관념적 지각(골든크로스는 매수한다)을 가지고 행동했기 때문이다.

경험이 없는 아이라면 어떠한 현상을 보면 본 대로 사실 대로 표현할 것이다. 하지만 여러 경험을 쌓아온 어른이라면 그 경험에 의해 만들어진 고정관념을 가지고 표현하게 된다. 여기서도 지각 오류가 발생한다. 아무것도 모르는 상태에서 주식 투자하는 초보자의 경우 손실이나 이익이 났을 때 제각각 다양하게 반응하겠지만 대다수는 '내가 뭘 잘 몰라서 손실이 났구나. 공부해야겠다', '시장이 좋아서 이익이 생겼구나' 아니면 '내가 재수가 좋아서 수익이 났구나'라고 반응한다. 이런 지각은 올바른 이해다. 이 경우 손해나지 않기 위해서 두사공부를 열심히 할 것이고 공부가 깊어지면 두사이익은 늘어날 것이다. 그런데 보통 대중 투자자들은 막상 실전에서 손실을 보게 되면 그렇게 하지 않는다. 이들은 어떻게 행동할까?

대중 투자자들의 투자행동

인지부조화 이론은 투자 심리학으로 접근하면 상반사고 이론으로 설명된다. 상반사고 이론은 기본적으로 효율적 시장 가설에 기반을 두고 있다. 효율적 시장 가설이란 현재의 주가에는 모든 정보가 담겨져 있어서 현재주가가 객관적인 적정주가라는 가설이다. 과거의 주가를 볼 필요도 없고 현재의 정보, 미래의 정보나 가치 등이 전부 주가에 포함되어 있다는 의미다. 따라서 투자자라면 모두 이용 가능한 정보를 통해 거래되는 것이기 때문에 초과수익을 실현할 수 없는 시장이 주식시장이라고 하는 심리학 이론이다. 효율적 시장 가설을 세부적으로 분류하면 약형가설, 중형가설, 강형가설로 대변된다.

먼저 약형가설에 의하면 현재의 주가에는 과거의 궤적(주가, 실적 등)과 정보가 모두 담겨져 있기 때문에 과거의 주가엔 신경 쓸 필요가 없다고 가정한다. 즉, 현재주가가 적정주가이고 주가가 앞으로 어떻게 움직이는가에 대해선 누구도 모른다는 가설이다. 따라서 미래주가를 예측할 수 없다. 기술적 분석은 무시한다. 그래서 대중 투자자들이 그 시점의 주가와 시세만 보고 매매한다는 것이다.

중형가설은 주가의 과거 궤적과 향후 실적, 재료, 공개된 정보 미공개된 내부자 정보까지 현재 주가에 포함되어 있다고 가정한다. 어떠한 정보를 이용한다고 하더라도 초과이윤을 거둘 수 없다. 이는 완전경쟁시장에 가능한 가설이다. 초장기적으로 본다면 맞는 말이다. 평생 주식 투자로 돈을 못 번다.

강형가설은 과거의 궤적주가와 향후실적, 재료, 공개된 정보, 미공개된 내부자 정보까지 현재주가에 포함되어 있다고 가정한다. 효율적 시장 가설과 비교되는 것이 랜덤워크가설이다. 이 가설은 주식시장은 제멋대로 움직이기 때문에 누구도 미래주가가 어떻게 움직일지는 알 수 없다는 이론이다. "침팬지와 펀드매니저 수익률 대결에서 1, 2등은 침팬지, 3, 4, 5등은 펀드매니저라는 결과가 나타났다. 또한 침팬지와 펀드매니저가 다트를 던졌더니 그 결과 침팬지가 이겼다"라는 한 유명한 조사결과를 통해서도 설명된다.

투자 심리의
행동구조

　대중 투자자들은 어떤 생각이 있어서 그 생각에 따라 실천하는 것일까? 투자행동 요인은 뭘까? 왜 투자자마다 다른 패턴을 가지고 주식을 사고팔까? 그러니까 왜 투자행동(실행)은 투자자마다 다르게 나타날까? 이를 투자 심리에서 온 행동구조를 통해 이해해보자. 어떤 현상을 살펴보면 투자자마다 이해(지각)하는 게 다르고 그에 따른 행동도 다르다. 대중 투자 심리학에서 볼 때 여건이나 상황이 비슷하고 동일해도 행동은 다르게 나타난다. 즉, 지수가 폭등하고 있는데도 어떤 사람은 팔고 있고 어떤 사람은 사고 있다. 오르거나 내리는 것에 상관없이 늘 1:1로 사는 사람과 파는 사람이 동일하게 존재한다.

　이렇게 행동하는 이유는 보통 사람들은 객관적인 표상을 따르는 것이 아니라 주관적 해석(경험 등)을 따르기 때문이다. 투자자들이 주관적으로 해석하는 이유를 심리학자들은 사회적 정보처리과정으로 접근한다. 사회적 정보처리과정의 결정 요인을 이해하기 위해서는 인상형성과 인과귀인형성을 알아야 한다. 사람들이 행동하도록 만드는 것은 첫째가 인상형성이고, 둘째는 인과귀인형성이다. 투자자들이 어떠한 심리상태에서 투자행동을 하는지 그 심리를 깊이 있게 이해해봐야 심리의존적 투자에서 벗어날 수 있다.

인상형성에 의한 투자행동이란?

인상형성에 의한 투자행동은 선입관, 사물이나 사태, 변수를 보고 첫 번째로 판단하는 것, 자신의 경험이나 학식, 고정관념에 의해 먼저 판단하고 행동하는 것을 말한다. 예를 들어, SK텔레콤 주식을 생각할 때 첫 번째로 생기는 인상형성은 좋은 회사, 정보통신회사, 비싼 주식이다. 이렇게 인상이 형성된다. 즉, '좋다', '나쁘다'에 의해 형성된 인상이다. 금호산업에 대한 첫인상은 '건설사'라는 것이다. 금호그룹은 '위험하다', '유동성에 문제 있다'라는 고정관념적 지각에 의해 투자행동을 하는 것을 인상형성에 의한 투자행동이라고 할 수 있다.

더 구체적으로 인상결정요인은 초두효과, 최신효과, 고정관념으로 설명된다. 초두효과란 만남에서 첫인상이 중요한 것처럼 먼저 제시된 정보가 나중에 들어온 정보보다 인상 형성에 강력한 영향을 미치는 것을 말한다. 즉, 보고서 앞부분에 나온 암시가 전체를 결정한다. 최신효과란 보고서 뒷부분에 나온 정보에 의해 선제가 결정되는 것을 말한다. 고정관념이란 경험이나 학습에 의해 형성된 인상으로 결정되는 것을 말한다. 고정관념 자체는 복제되는 속성을 가지고 있기 때문에 한번 형성된 고정관념은 바꾸기가 힘들다. 잘못된 고정관념은 반복되는 투자 실패의 원인이 된다.

인과귀인형성에 의한 투자행동이란?

교육심리학에서 설명하는 귀인이론이라는 학문적 용어가 있다. 특정한 상황이 어떻게 인간의 동기와 행동에 영향을 미치는지에 대한 설명이다. 즉, 타인의 행동에 대한 해석으로 타인을 행동하게 한 주요인은 무엇일지에 대한 심리적 이해다. 지수가 상승하면 그 이유가 뭘까? 타인을 행동하게 만든 주요인은 무엇일까를 분석하고 새겨보는 것이다. 이렇게 이해하고 접근해야만 거액 자산가가 될 수 있다. 인과귀인형성에는 중요한 두 가지 법칙이 있다. 거액 자산가의 한결 같은 투자 심리 행동구조는 이 두 가지 법칙, 할인의 법칙과 공변량의 법칙으로 대변된다.

공변량의 법칙

제3자와 똑같은 결론을 찾는 것이 공변량의 법칙이다. '난 삼호 가든이라는 고깃집에 가서 고기를 먹을 때마다 참 맛있었다. 그런 데 내 친구들도 나처럼 맛있다고 하더라'라는 생각을 살펴보자. 즉, '삼호가든'이라는 음식점의 특이성과 '먹을 때마다'라는 반복성, 친 구들도 '그렇다'라는 동의성의 심리가 반영된 것이다. '삼성전자에 투자할 때마다 경기가 최악일 때(특이성) 매수했더니 늘(반복성) 수 익이 났었다'라는 패턴이다. 주변의 투자자들도 그렇게 했더니 수 익이 났다(동의성)고 하더라. 결론적으로 말하면 올바른 판단을 하 기 위해서는 공변량의 법칙에 근거하여 투자 결정을 하고 행동해야 한다는 것이다. 인과귀인적인 사고를 습관화, 체계화시켜 투자판단 을 해야만 성공투자가 이루어질 수 있다.

할인의 법칙

예를 들어, 김연아 선수의 우유 광고를 본 투자자들의 마음 상태 를 심리학적으로 해석해보면 다음과 같다. 광고에서 김연아 선수 가 아침에 일어난 후 상쾌하게 우유를 마신다. 이 광고를 보는 사람 들의 인상형성은 어떨까? 우유를 먹으면 김연아처럼 된다는 생각 이 들게 되고 이렇게 인상형성이 된 사람들이 그 브랜드의 우유를 먹게 된다. 투자자가 이러한 인상형성에 의해 투자하면 백전백패가 된다. 인과귀인으로 생각해보면 김연아 선수는 모델료를 받고 단순히 광고를 찍은 것이다. 따라서 김연아가 광고에서 마신 브랜드의 우유를 마셔도 김연아처럼 될 수는 없다. 운동선수인 김연아가 운동을 열심히 해서 건강하고 날씬한 몸을 유지하는 것이지 그 우유를 먹어서 그런 모습이 된 것이 아니다. 이렇게 객관적으로 할인해서 해석하고 이해하는 것이 할인의 법칙이다.

증권사 분석 리포트를 읽을 때도 이 할인의 법칙을 적용해야 한다. 대다수 애널리스트들은 '언제까지 나쁠 것이다'보다는 '언제부터 회복할 것이다'라고 쓴다. 자신이 쓴 리포트를 부각하기 위해 애널리스트들이 '언제부터 회복할 것이다'라는 맥락으로 분석글을 쓴다는 것을 감안하고 있어야 한다. 즉, 할인해서 생각하는 습관이 리포트를 올바르게 이해하는 방법이다. '전일 미증시 폭락', '미국고용증가', '경기침체 여전'이라는 기사가 동시에 나오면 일반적인 대중 투자자들의 인상형성은 비관주의에 근거한 초두효과의 심리적 행동구조로 나타나게 되고 당장 한국의 지수도 폭락할 것이라고 생각하게 된다. 이러한 인상형성의 결과로 시장이 개장하자마자 팔고 싶어 안달이 난다. 하지만 투자 대가들은 먼저 시장 상황과 기사 작성자의 의도를 할인의 법칙으로 생각하는 게 습관화되어 있어 기자의 생각을 먼저 읽는다. 기자 자신의 기사에 임팩트를 주기 위해 일부러 자극적으로 기사를 쓴 것이라고 이해하는 것이다.

물론 이렇게만 이해하는 것에 그치면 안 되고 깊이 들어가서 인과귀인적 사고를 해야 한다. 미국 증시가 폭락한 게 일시적인 것인지, 그동안 과도하게 올라서 차익실현 차원이 더 큰 것인지 면밀히 따져보고 또한 호재인 고용증가의 원인을 파악해야 한다. 경기가 좋아지고 있는 건지 어떤 일시적인 이벤트성으로 증가된 것인지 여부를 파악하는 것이다. 경기침체가 여전하다는 기사는 현재 상태를 단순 기사화한 것에 불과한 것이 아닌지 따져보고 향후 언제부터 경기침체를 탈피한 것인지 아니면 지속될 것인지 여부를 따져봐야 한다. 경기가 좋아지고 있기 때문에 고용이 증가된 것으로 파악하는 게 이치에 맞는 것인지도 생각해봐야 한다. 그리고 그 기자의 경제적인 지식의 깊이가 어느 정도인지, 이러한 기사를 작성한 근거가 뭔지, 기자의 이해가 정확한 건지 등 여러 가지 사항에 대해서 원인과 결과를 심도 있게 분석하는 습관을 가져야 한다.

이처럼 주식시장에서 일어나고 있는 수많은 변수들에 대해 사실관계를 인과귀인적으로 해석해봐야 한다. 이런 사고 체계를 가진 투자자가 현명한 투자자이고 그러한 사고 체계가 거액 자산가의 투자행동 구조다. 상황을 나름대로 객관적이고 체계적으로 해석하고 이해할 수 있어야만 자신감과 확신에 찬 투자행동이 나온다. 그래야 대중투자 심리에 휘둘리지 않고 올바른 투자판단을 할 수 있는 것이다.

자기편파성의 함정에서
벗어나라

왜 자기편파성의 함정에 빠지는가?

어떠한 결과에 대해 자기합리화하고 변명을 만들어 심리적으로 자기 자신을 편하게 만드는 것을 자기편파성의 함정에 빠졌다고 한다. 이러한 자기편파성의 함정은 발전을 저해하는 강력한 요인이 된다. 자기 자신을 정확하게 객관적으로 파악할 수 없게 만드는 함정인 것이다. 주식 투자에 있어서는 특히 이러한 자기편파성의 함정에 빠지는 게 부지기수다. 주식 투자나 올바른 행동을 하기 위해서는 반드시 극복해야 할 가장 중요한 요소 중의 하나가 자기편파성에 빠지지 않는 것이다. 주식 투자는 운도 아니고 분석력도 아니고 자신의 마음상태에 의해서 모든 것이 결정된다는 말이 있다.

학생들의 성적으로 설명하자면 늘 그 등급에 머무는 4등급 학생들은 주로 집안일이나 개인사 등으로 4등급을 맞을 수밖에 없었다고 자기합리화를 한다. 3등급은 더 잘할 수 있었는데 운이 나빴다고 치부해 버린다. 다음번엔 운이 좋으면 2등급으로 올릴 수 있다고 변명한다. 자기합리화하는 것이다. 그러면서 자신의 불편한 마음을 편안한 상태로 바꿔놓는다.

주식 투자자들의 경우에는 어떨까? 내일 주식 시장이 올라갈 것인지 내려갈 것인지 투자자들에게 질문하면 절반 이상이 내려갈 것이라고 판단한다. 그런데 내려간다고 판단한 투자자에게 지금 주식을 보유하고 있냐고 물어보면 내려갈 것을 알면서도 주식을 보유하는 이들이 대부분이다. 그 이유는 다양하겠지만 첫째, 생각이 없거나, 둘째, 그래도 내 주식은 오른다고 생각하거나, 셋째, 나중에 오를 거라고 생각하는 것이다. 바로 자기편파성의 함정에 빠지는 것이다. 내려갈 것이라고 판단했으면 팔아야 하는 게 아닌가? 자신의 주식만 오를 이유가 있는가? 내려가더라도 나중에는 오를 이유가 있는가? 즉, 실제로 시장에 대해 정확히 판단하고도 실천(행동)하지 않는다. 왜? 자기편파성의 함정에 빠져 있기 때문이다.

'하락 예측 → 주식 보유 → 부조화가 커짐 → 실제 하락하면 불안감이 점점 커짐 → 어느 한계점에선 더 크게 보여 불안감이 최고조에 달함 → 조그만 악재에도 못 견디고 지금 안 팔면 더 큰 손실을 입을까봐 서둘러서 투매에 가담' 순으로 가는 것이다. 결국 이러한 행동으로 가는 것은 자기편파성의 함정에 빠졌기 때문이다.

자기귀인, 인과귀인으로 극복하라

자기편파성 함정에 빠지지 않기 위한 극복 수난은 자기귀인, 인과귀인이다. 자기편파성 함정에 빠지지 않아야 올바른 투자 행동이 가능하다. 인과귀인, 자기귀인, 즉 자기 탓으로 돌려서 어떤 현상이나 변수를 객관적으로 이해하고 행동할 수 있도록 공부해야 한다.

2006년 하이닉스 결산 실적을 살펴보면 매출 7.6조 원, 영업이익 1.9조 원, 순이익 2.0조 원이다. 2007년 7월 말경 발표된 2007년 2분기 실적은 전년동기대비 매출 +23%, 순이익 +2%, 전분기 대비 매출 -19%, 순이익 50%, 반기누적 매출액 +38%, 영업이익 -25%로 요약된다. 전년동기대비 매출은 늘고 있으나 영업이익이 급격히 줄고 있는 추세다. 결국 객관적인 실적을 살펴보면 매출이 늘면 영업이익이 늘어나야 하는데 줄고 있다는 것은 그만큼 영업마진이 악화되고 있다는 뜻으로 이해해야 한다. 그럼 주가의 저평가 여부와 상관없이 투자를 하면 안 된다는 결론, 또는 조심해야 한다는 결론이 나온다.

그런데 결과적으로 2007년 종합주가지수가 당시 최고가 2,000포인트에 도달한 그 시대는 펀드 가입이 늘고 있었고 강세론자가 득실되고 있었다. 그리고 신문이나 뉴스에는 주식 얘기밖에 없는 그런 상황이었다. 투자 심리학적 인상형성에 의하면 시장 상황이 별문제 없이 좋았으니 투자자들이 하이닉스 투자에 열을 올린 것이다. 그리고 하이닉스 기업 IR(투자설명회)에서 2010년까지 매출액

18조 원, 2012년까지 25조 원 목표로 발표하는 등 호재성 뉴스가 나왔다.

주가가 고가(정점)일 때 나오는 뉴스는 천편일률적으로 동일하다. 하이닉스도 마찬가지였다. 이런 뉴스를 접한 개인과 기관, 외인 투자자의 행동양식은 판이하게 다르다. 개인들은 인상형성에 지배당한다. 따라서 과감한 투자행동에 나선다. 기관은 개인과 같은 행태를 반복한다. 외인이나 똑똑한 투자자인 거액 자산가들은 인과귀인에 의해 행동한다. 실적변화에 대한 원인과 결과를 따져본다. 마진이 줄고, 업황이 나빠지고, 경쟁이 심해지고, D램 가격이 내려가는 것을 확인한 후 판단하여 매도한다.

이때 증권사 애널리스트 리포트가 이렇게 나온다. 하이닉스는 전년동기대비 매출액이 크게 증가하고 있고 순이익도 증가하고 있다(①). 하지만 지난 2분기는 비수기인 탓에 전 분기보다 영업이익이 크게 감소했다. 향후 3분기도 줄어들 것으로 보이나 4분기 성수기부터 실적이 개선될 것으로 보인다(②). 여기에 대한 인상결정요인으로 ①을 보고 반응하면 긍정적인 리포트로 지각하고 매수한다. 이것을 초두효과라고 한다. 인상결정요인으로 ②를 보고 반응하면 리포트의 의견을 부정적으로 보고 매도한다. 즉, 리포트의 뒷부분에 나온 내용을 보고 결정하는 최신효과에 의한 것이다. 그리고 세 번째 인상결정요인으로는 고정관념이 있다.

하이닉스하면 떠오르는 고정관념은 가지각색이다. '삼성진자는 우량주고 안전하다' 같은 일방적인 생각이 고정관념이다. 대다수 투자자, 즉 군중들은 이러한 고정관념을 가지고 반응한다. 고정관념, 군중심리는 대다수 투자자들을 움직이는 인상형성이다. 성공하는 투자자, 거액 자산가는 절대 군중심리에 의해 좌지우지되지 않는다. 그들의 행동을 살펴보면 좀 특이하다. 보통사람과 다르게 생각하고 다르게 행동한다. 그들만의 특별한 게 있다. 왜 그러냐고 다른 사람들한테 원성을 사면서까지 꼭 실천하는 것들이다.

자식에게 물려줄

주식 투자 원칙

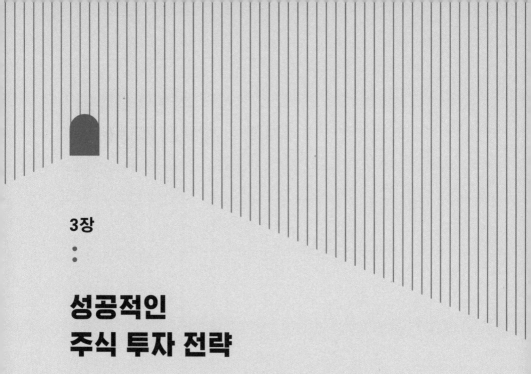

3장

:

성공적인
주식 투자 전략

대중 투자자의
잘못된 투자 전략

왜 분산투자에 목을 매는가?

분산투자를 한다 → 잘못된 생각!

워런 버핏, 놀라운 투자 실적의 비밀
6개 정도의 회사 선정 → 그 회사 지분 대량 매입

→ 분산투자를 통해 하나의 회사가 큰 이윤을 보더라도
투자의 총 가치에는 그만큼의 영향을 주지 못한다

대중 투자자들은 한결 같이 분산투자를 한다. 하지만 현실(실전
투자, 큰 돈 버는 일)은 분산투자로 돈을 벌지 못한다. 투자 대기인 워

런 버핏은 "분산투자할 바에 멍멍이나 갖다 줘라!", "분산투자는 한 푼의 투자가치도 없다!"라는 투자 철학을 가지고 있다. 워런 버핏의 놀라운 투자 실적의 비밀은 이런 투자 철학에 기반하여 6개 정도의 회사를 선정해서 그 회사 지분을 대량 매입해 장기 투자하는 것이다. 그리고 팔아야 할 이유가 없다면 죽음도 갈라놓지 못할 정도로 그냥 보유하는 것이다. 그런데 2018년 이후 그가 코카콜라 보유 비중의 1%p 정도를 매각한 것으로 알려졌다.

죽음도 갈라놓지 못한다는 장기 보유 원칙을 왜 어겼을까? 아마도 코카콜라의 주력 소비층인 유아·청소년 인구의 급격한 감소 때문이라고 판단한다. 필자도 2016년 이후 여러 강의에서 코카콜라는 이제는 팔아야 하는 종목이라고 강조했었다. 이유는 늦어도 10년 뒤 세계 인구가 감소할 것이기 때문이다. 사람들은 워런 버핏이 나이가 들면서 이제 본인의 투자 철학을 철저히 지키기보다는 안정성에 더 치중한다고 부정적인 반응을 보이기도 했지만 워런 버핏 입장에서는 충분히 가능한 일이다. 출산율이 낮아지면서 유아·청소년 인구는 급격히 줄어들고 있다. 우리나라도 그렇고 세계적으로도 그렇다. 코카콜라를 덜 소비하게 되는 구조다. 따라서 코카콜라 주식도 팔아야 할 뚜렷한 이유가 생긴 것이다. 코카콜라 매각을 떠나 워런 버핏의 투자 방법에 오히려 변화가 필요한 시점이 온 것이다.

워런 버핏이 이끌고 있는 버크셔 해서웨이는 코카콜라, 아메리카 익스프레스, 애플, 철도 회사, 금융 회사 등에 투자하고 있는 것으로 알려져 있다. 워런 버핏의 주식 투자는 1930년대부터 미국 주식 시장의 역사와 궤를 거의 같이 했다. 고성장 시대를 살아오면서 고성장주, 지속성장주 위주로 투자하며 세계 최고의 투자자가 되었다.

그런 그는 80년 이상 투자하면서 고착화된 투자 습관에 빠진 것으로 보인다. 2012년부터 미국에서는 4차 산업혁명 수혜주들의 실적이 급증하기 시작했다. 그럼에도 불구하고 워런 버핏은 빅테크의 시대가 오고 있음을 인지하지 못했는지 아마존, 넷플릭스, 엔비디아, 테슬라 등에 투자하지 않았다. 수년 전 워런 버핏의 철도주, 항공주, 금융주에 대한 러브콜 뉴스를 보고 왜 본인의 투자 철학인 평생 가지고 있어야 할 고성장주 주식을 사지 않고 성장을 못하는 운송회사 주식을 사는지 필자는 의아했었다. 물론 금융주 투자는 잘했다고 판단한다. 왜냐하면 4차 산업혁명시대에는 단순한 업무의 은행을 넘어서 투자 은행이 성장할 수밖에 없기 때문이다.

일본의 경우 60대, 70대들이 우리나라의 젊은 사람보다 훨씬 더 금융지식이 뛰어나다고 한다. 조그마한 증권사나 시골마을에 있는 증권사 세미나에도 머리가 하얀 어르신들이 노트에 필기까지 하면서 열심히 공부한다고 한다. 투자 얘기만 나오면 앞다투어 교육을 받으러 다닐 정도로 일본에서는 이렇게라도 해야 그나마 돈을 벌 수 있다고 한다. 이처럼 고령화시대에 투자 은행은 성장주다. 투자 은행이란 은행과 증권사 역할을 모두 하고 있다고 보면 된다. 새로운 상품, 대체 상품 개발을 통해 투자를 대행한다. 저성징 고칙

화 시대에는 고수익 투자대상을 찾기 힘들기 때문에 다양한 틈새시
장을 노리고 투자하는 사람들이 많이 나오게 된다. 낮은 은행이자
율이 고착화된 상황에서 고수익을 도모한 사모펀드(일정한 수익률 연
4~6%) 시장이 활성화되었듯이 말이다.

시장 동향을 예측하는 것이 도움이 될까?

큰 수익을 위해선 시장 동향을 정확히 예측해야 한다
→ 잘못된 생각!

"내가 돈을 많이 번 것과 사건을 예측하는
나의 능력과는 별 관련이 없다"

- 조지 소로스

"예측하는 일은 예측하는 사람에 관해 많은 것을 알려주지만
예측의 대상인 미래에 대해서는 아무것도 말해주지 않는다"

- 워런 버핏

앞에서 전체적인 인구 상황과 경제 상황에 대해 구조적인 흐름을
짚어 봤다. 물론 정확히 맞는지는 시간이 지나봐야 알 수 있을 것이
다. 그러나 전체적인 큰 흐름은 변하지 않는다. 이러한 구조적 흐름

은 일반인들이 미리 예측하기 어렵다. 그 분야의 전문가들도 많은 분석을 해야만 예측이 가능한 것이다. 그렇게 해도 완벽하게 정확히 맞출 순 없다. 물론 큰 수익을 내기 위해서는 시장 동향을 어느 정도 예측하는 것이 중요하다. 어느 정도의 예측이란 구조적인 흐름, 큰 흐름을 보고 투자하면 된다는 뜻이다. 조지 소로스는 "내가 돈을 많이 번 것과 예측하는 나의 능력은 별 관련이 없다"라는 말을 했다. 개인이 분석하는 것은 한계가 있고 아무리 예측을 잘 했다고 해서 좋은 결과가 나오는 것은 아니다. 장기 투자, 집중 투자를 하지 않고 예측해서 매매하는 분산투자는 실패할 확률이 크다.

워런 버핏도 "예측하는 일은 예측하는 사람에 관해 많은 것을 알려주지만 예측의 대상인 미래에 대해서는 아무것도 말해주지 않는다"라고 말한 바 있다. 실전 투자에서는 투자자 스스로 예측을 잘해야 되지만 강조했듯이 예측을 정확하게 맞추려 하지 말고 가장 확실한 주식, 가장 잘할 수 있는 주식을 계속 매수하여 장기 투자하라는 것이다. 위대한 기업(경제적 해자 보유, 독점적 기업, 10년 이상 지속 성장 기업, 시대를 개척하는 기업 등), 즉 실패 없는 1등주를 지속적으로 사 모으고 급락 시 레버리지를 활용해서라도 더 사 모으라는 것이다. 그리고 수 년, 수십 년이 흐른다면 복리 투자의 마법이 작동하여 적은 투자금이 상상할 수 없을 정도의 태산 같은 큰돈이 되어 있을 것이다. 주식 투자는 예측의 영역이 아니라 돈 버는 방법을 실천해가는 실천의 영역이라고 할 수 있다.

거액 자산가의
성공적인 투자 전략

주식 투자에 대해 고착화된 관념의 틀에서 벗어나야 한다. 즉, 기존에 생각하고 있었던 투자에 대한 생각을 바꿔야 한다. 주식 투자에 성공하기 위해서는 많은 지식과 경험 축적이 필요하다는 말은 틀릴 수도 있다. 미래를 예측하고 정보를 미리 알아야 주식 투자에서 돈을 벌 수 있다는 말도 틀릴 수 있다. 모든 것을 다 예측한다고 해서 주식 투자 성공이 보장되지 않는다. 자녀한테 물려줄 주식 실적 시세를 예측해서 위에서 팔고 아래에서 사는 행위를 자주 반복하면 안 된다는 것이다.

"장기 보유하고 장기 투자하십시오. 어떤 주식을 10년 동안 소유하지 않을 생각이라면 단 10분도 그것을 가질 생각을 하지 마십시오"

- 워런 버핏

복리 투자 효과의 가장 강력한 상품은 주식이다. 자녀한테 물려줄 주식은 무조건 장기로 보유해야 한다. 복리 효과를 반드시 볼 수 있는 주식이기 때문에 물려주는 것이다. 부동산을 물려주었을 때는 복리효과가 나오지 않는다. 소비침체가 본격화되면서 20여 년간 어떤 정책으로도 부동산 가격 붕괴, 마이너스 금리를 탈피할 수 없었던 일본을 반면교사로 삼아야 한다. 앞으로 우리나라도 소비가 늘지 않고 경기침체가 지속되면 자산가치까지 급락하는 퍼펙트스톰이 올 수 있다. 이렇게 된다면 오래 사는 삶 자체가 불행할 수 있다.

자신이 거주할 집 한 채는 시세와 상관없이 있어야겠지만, 갭투자 등 은행에서 돈을 빌려 여러 채 투자하는 행위는 복리효과는 커녕 오히려 손실을 줄 수도 있다. 코로나19로 자산버블이 본격화된 후 그 버블이 꺼지기 시작하면 최대로 풀린 유동성이 사상 유례없이 가격을 밀어내릴 것이다. 주식은 복리효과가 가능하다. 복리효과를 볼 수 있는 주식을 반드시 보유하고 있어야 한다. 특히 성년뿐 아니라 미성년자인 자녀한테도 워런 버핏의 수익을 가져오는 주식의 개념을 공부하도록 하는 것이 중요하다.

부모가 자식한테 좋은 주식을 물려주었을 때 그 계좌 자체가 자녀에게 좋은 교재가 될 수 있다. 부모가 어떤 방식으로 수익을 내고 왜 이렇게 하는지를 자식에게 가르쳐주면 된다. 그 교육을 통해 세월이 흘러 10대, 20대가 되었을 때 수익을 내는 주식 투자를 하고 있을 것이다. 그러면 돈에서 자유롭게 될 수 있다. 다시 말하지만 어떤 경우에도 수익이 나는 투자를 위해서는 좋은 종목에 장기적으로 투자하는 길밖에 없다. 자식에게 물려줄 주식을 사서 모으는 것밖에 답이 없다.

시장에
끌려다니지 마라

시대를 바로 읽어야 한다. 시대에 맞는 투자는 기본이다. 하지만 대다수의 투자자들은 거시적으로 시대의 흐름을 파악하지 못하고 과거 수익을 못 내던 투자 습관과 행태에서 벗어나지 못한다. 결국 다른 개미들처럼 살다가 주식 인생을 마감한다. 투자자 대다수는 1억 원 이하의 투자금으로 여러 종목을 편입한 상태에서 가격, 시황을 보면서 사고판다. 그들은 시장 시황과 미국 시장을 보고 또 무역 전쟁에 대해 불안해하다가 빨리 손절하고 빨리 이익을 실현하고자 조급한 마음으로 교체 매매를 하곤 한다.

여러분들이 어떻게 무역 전쟁을 분석하고 세계 경제를 정확히 예측할 수 있겠는가? 그런데도 트럼프가 무슨 말을 하는지 요즘 상황이 어떤지 그런 이슈들에 촉각을 곤두세우며 매일 시황만 보고 있다. 그렇게 시장에 끌려 다니며 사고팔고 있다. 하지만 이런 방식은

일반적인 대중 투자자들의 단계별 특징

- **1단계** 저금리 대안으로 부자가 되겠다는 목적을 가지고 주식 관련 책, 방송으로 공부하는 단계

- **2단계** HTS로 주식 매매를 시작하는 초보단계로 매일 변하는 계좌(평가손익)를 체크하는 단계

- **3단계** 방송추천주, 지인추천주, 테마주, 가치주, 대형주, 장기 투자 등 수많은 실전 투자 경험을 쌓는 단계

- **4단계** 차트, 재무제표, 가치평가 등을 공부하는 단계로 어느 정도 손실이 줄어들고 이익도 발생하는 단계

- **5단계** 시장에 따라 계좌 평가손익이 결정된다는 것을 깨닫는 단계로 주식이 힘들고 어렵고 돈이 안 된다고 느끼는 단계

- **6단계** 주식 투자 포기 단계로 주식을 수년간 안 하다가 또다시 여윳돈과 본전 생각에 재도전하는 단계

내 주식 계좌를 시장 상황에 내던져 두는 것과 마찬가지다.

필자가 강조하는 투자방법의 경우 무역전쟁, 코로나19, 물가급등, 금리인상 등에 대해 많은 고민을 하지 않는다. 그 이유는 장기 투자를 기본으로 하기 때문이다. 시황을 이길 수 있는 것이 장기 투자다. 장기 투자란 평가손이 나면 손절하는 게 아니라 도리어 추가 매수의 기회로 활용한다. 장기 투자는 가격과 시간에 구애받지 않

는다. 1년 동안 장기 투자를 했어도 가지고 있는 주식을 팔 이유가 없다면 팔지 말아야 한다. 수익이 나지 않더라도 오히려 평가손이 발생되었어도 상관없어야 한다. 결국은 목표대로 움직일 것이기 때문이다.

매일 시황을 확인하면서 가격 보고 매매해서 손절하고 손해나고 있는 투자자들, 왜 쉽고 빠른 길을 놔두고 어려운 길로 가는 걸까? 장기 투자를 하지 않고 사고파는 매매만 했던 과거, 수익도 못 냈던 과거, 그렇게 살아온 주식 인생은 의미 없다. 그건 주식 투자를 한 것이 아니라 가격만 따라다닌 셈이다. 하루라도 빨리 이런 상황에서 벗어나야 한다. 돈을 벌지 못한 일반 투자자들은 도박처럼 하는 투자 방식을 주식 인생이라고 착각하고 살아간다. 주식 투자자의 90%는 대중 투자자다. 투자자의 4~5% 정도는 승리하고 나머지는 군중 속 개미 투자자의 길을 걸어간다. 주식 인생도 5%룰에 적용받는다. 즉, 상위 5%는 늘 투자에 성공한다는 것이다.

물론 주식도 하다 보면 인생처럼 많은 굴곡이 있다. 좋을 때도 있고 나쁠 때도 있고 견디기 힘들 때도 있다. 주식이나 인생이나 자연의 이치를 닮아 있다. 요즘은 웬만하면 HTS, MTS를 이용해서 매매를 할 수 있다. 시세를 매일 매일 볼 수 있어 편리한 점도 있지만, 실제로 단기 매매의 충동이 커진다고 볼 수 있다. 가격에 끌려 다니는 매매를 많이 하게 되는 상황인 것이다.

부동산으로 재산을 축적하는 과성은 어떨까? 매일매일 부동산

시세를 보면서 단기 매매를 하지 않고 긴 안목으로 시간을 두고 하기 때문에 그만큼 수익이 클 수 있다. 이것이 투자의 기본 생리다. 큰 흐름을 봐야 한다. 주식은 금방 사고팔 수가 있기 때문에 오늘 얼마 수익이 나고 얼마 손해가 났는지 매일 계좌를 들여다보게 된다. 시장 흐름상 주가의 변동은 당연한데도 그걸 보고 하루는 내가 돈을 벌었다고 안도하다가 하루는 돈을 잃었다는 자괴감에 빠지니 장기 투자가 어려울 수밖에 없다. 투자 마인드가 변해야 살아남는다. 살아남아야 기회가 오면 잡을 수도 있는 것이다.

투자 성공의
기본 마인드

자산 인플레이션 시대

대한민국이나 미국, 영국 어느 나라를 막론하고 누구나 장기 투자하게 되는 그래서 성과가 좋은 실패 없는 투자 대상이 있다. 뭘까? 본인이 살고 있는 주택이다. 지금도 당장 거주해야 하는 집이기에 시세가 올랐다고 막 팔아버릴 수 없기 때문이다. 그래서 오래 놔둘 수밖에 없어 장기 투자하는 셈이고 자산이 늘어난 것이다. 앞에서 언급했듯이 인간이 행복하기 위한 필요충분조건 중 하나는 주택이다. 어느 나라 사람이든 돈이 생기면 먼저 집을 사게 된다. 집이 없는 부모의 자식들이 성공하면 가장 먼저 하고 싶은 일이 바로 부모에게 집을 사서 선물하는 것이라고 한다.

코로나 19로 인한 대응책으로 사상 유례없는 공급이 이루어졌기에 주식뿐만 아니라 주택가격도 급등한 상태다. 즉, 자산인플레이

선이 크게 일어났다. 자산 인플레이션 시대에 최고의 투자 전략은 자산을 보유하는 것이다. 그래야만 그 인플레이션, 즉 가격상승의 수혜를 직접적으로 볼 수 있는 것이다. 집을 한 채라도 보유하고 있는 사람들의 자산가치는 최근 몇 년 사이에 두세 배는 기본으로 올랐을 것이다. 반면 앞으로 집을 사야 할 사람들의 경우 수년 전보다 몇 배의 돈이 더 들어가게 되었다.

앞으로 몇 년 후 수입이 몇 배 오른다면 그때 현재 시세가 유지되고 있다면 다행이다. 하지만 현재 시세보다 오를 것이 분명한 주택가격을 따라잡으려면 급여소득, 사업소득, 투자소득이 몇 배 올라가야 한다는 말이 된다. 급여소득으론 불가능할 것이다. 그럼 사업자의 사업소득은 몇 배나 오를까? 이것도 주택가격의 상승만큼 오르기 힘들다. 몇 년 사이에 대박을 터뜨리면 가능하겠지만 현실성이 거의 없다고 봐도 무방하다. 그렇다면 투자소득으로 소득을 몇 배 올리는 것 외에는 방법이 없다.

자산이 없다면 결국은 주식 투자다

단기간 대박 투자처는 직접하는 주식 투자밖에 없다. 하지만 대다수 주식 투자자들은 몇 년 동안 수익은커녕 손해를 볼 것이다. 대중 투자자들은 대중 투자 심리에 빠져서 세월만 흘려보낼 것이기 때문이다. 투자 경험이 쌓이면 쌓일수록 주식 투자는 어려워진다.

알면 알수록 어려운 게 주식 투자라는 것을 인식하게 될 때쯤 대다수 투자자들은 시장을 탓하고 자금이 적다고 불평만 하게 될 것이다. 특히 정보가 없어서 시장을 이길 수 없다는 자기편파성의 함정에 빠질 수도 있다. 사실상 실전에서 주식 투자를 통해 몇 배의 수익을 얻는 것은 장기 투자라면 세상에서 가장 쉬운 일일 수 있다.

그런데 왜 이렇게 장기 투자라면 쉽기만 한 수익 올리는 것이 대중 투자자들에게는 세상에서 가장 어려운 일이 되고 있을까? 필자의 25년간의 경험을 통해 얻은 투자 철학에 비추어 본다면 결론은 하나다. 세상의 이치가 그렇듯이 남들보다 잘하는 것, 잘할 수 있는 것에 집중해서 진정성 있게 목표를 향해 걸어가야 한다는 것이다. 그런데 보통의 대중 투자자들은 자신이 잘할 수 없는 것을 끊임없이 반복적으로 한다는 문제를 안고 있다. 특히 주식 투자를 쉽게 만만하게 보고 투자실패를 평생 반복하는 것이다.

대다수 투자자들은 경제신문을 잘 읽지도 않고 그걸 이해하고 분석할 줄 모른다. 그런데 자본주의의 꽃이라는 주식시장에 준비 없이 들어와서 시세만 보고 사고팔고 한다는 것이다. 단기 매매를 통해 수익을 얻고자 한다면 치밀하고 예민하게 시세를 좌우하는 변수를 분석하고 그 변수를 이용하여 최고의 트레이더가 되어야 할 것이다. 최고의 트레이더이자 심리투자기법의 대가인 알렉산더 엘더 박사가 매매참여자 중 상위 5% 안에 들어야만 트레이딩으로 먹고 살 수 있다고 말했을 정도다.

자동적이고 쉬운 투자란 없다

워런 버핏의 파트너인 억만장자 투자자인 찰리 멍거는 나쁜 투자 방지 원칙에 대해 소개한 바 있다. 그의 투자원칙은 실천하기 아주 쉬운 것들이다. 그중에서 최고라고 생각되는 투자원칙은 "이해하지 못하는 것들을 멀리하라"이다. 찰리 멍거는 투자자들이 가만히 앉아서 아무 것도 하지 않는 것을 덕목으로 극찬한다. 삶의 모든 것에는 위험이 있듯이 모든 투자에는 위험이 도사리고 있고 그 위험에서 벗어날 수 없을 정도로 깊게 빠질 수도 있다고 경고한다.

물론 자동적이고 쉬운 투자란 없다. 하지만 적정가격을 지불하고 위대한 기업을 찾아 매수 후 장기 보유할 수 있다면 고평가된 주식을 사서 낮은 투자수익률의 위험에서 벗어날 수 있다고 한다. 이 말의 뜻은 최고의 기업, 위대한 기업의 주식을 사서 장기 보유해야 한다는 것이다. 장기간 성장하는 기업의 주식을 매수했다면 장기간 보유해야만 그 성장의 수혜를 직접적으로 볼 수 있다는 단순한 이치를 깨닫고 실천해야 한다. "당신이 이해하지 못한 투자로부터 멀리 있는 것은 항상 현명하다"라고 강조한 찰리 멍거의 조언을 늘 상기할 필요가 있다.

정리하자면 부동산으로 자산가치가 높아져서 수십억 자산가가 된 비법은 한 가지다. 바로 팔지 않았기 때문이다. 그리고 한 일이라고는 아무것도 하지 않고 보유한 것뿐이다. 돈이 부족하면 금융기관에서 돈을 빌려 이자를 내고 원금을 갚아 가면서 보유만 하고 있었던 것이다. 즉, 내 돈으로도 사고 남의 돈(은행 융자는 기본)으로도 샀다는 것이다. 올랐다고 금세 팔아버리지 않았기 때문에 성공한 것이다.

그런데 일반적인 주식 투자자들은 어떻게 행동하고 있는가? 실패 없는 1등주, 위대한 기업, 최고의 기업, 끊임없이 성장하는 기업의 주식을 샀다 하더라도 조금만 오르면 팔아버리고 없애 버린다. 빨리 돈을 벌고 싶은 마음에 잘 알지도 못하면서 모든 방법을 동원하는 등 늘 바쁘게 사고파는 투자행동에 몰두한다. 선배 투자자들이 그런 식으로 주식 투자에 실패했다는 사례를 너무 많이 들어 알고 있으면서도 본인은 다를 것이라 착각하며 같은 투자행동을 반복하는 것이다. 남들보다 더 잘할 수 있는 투자 비법으로 무장하지 않은 채 투자하는 것은, 무기도 없이 전략도 없이 전쟁에서 승리할 것이라고 믿고 전장에 나가는 것과 다름없다.

주식 투자는 나 혼자 하는 게 아니다. 같은 종목을 가지고 어떤 투자자는 사고 어떤 투자자는 팔고 있으니 이 싸움에서 이기려면 이길 수 있는 기술을 보유해야 하는 것은 당연하다. 이것이 세상의 이치다. 이 책을 다 읽고 현명한 투자를 해나간다면 세상에서 가장 쉽고 안전한 방법으로 나와 내 자식을 돈에서 해방시킬 수 있을 것이다.

주식은 사는 것이지
파는 게 아니다

다음의 조건을 충족하면 매수만 유효

- 경제적 해자 기업(진입장벽이 높은 산업)
- M/S 1위 기업 중 단일사업부로 구성
- 장기(최소 10년) 성장 산업의 핵심 1등 수혜주
- 그룹주, 신성장사업주(새 시대를 개척하는 종목이면 금상첨화)

대기업 재벌을 제외하고는 대다수 모든 기업이 활력을 잃어가고 있다. 소비시장도 안 좋다. 최고만이 살아남는 시대다. 1등만 살아 남는다. 빈익빈 부익부가 더 심화되고 있다. 미국은 0.025% 비중의 상위 부자가 전체 자산의 44%를 차지하고 있다고 한다. 이런 구조는 앞으로 가면 갈수록 더 강화될 것이다. 잘 나가는 기업, 잘 나가는 주식으로 돈의 쏠림 현상이 심해질 것이다. 경제적 해자 기업이란 진입장벽이 높은 산업에서 그 회사가 남들보다 가장 잘하는 것, 최고로 잘 하는 것을 보유한 기업을 말한다. 즉, 지속력과 경험이 많은 선도(재벌) 기업이다. 쉽게 얘기하면 나만 잘하는 것이 하나라도 있어야 한다는 말이다. 그래야 '먹을거리', '일할거리'가 없는 세상에서도 잘 먹고 잘 살 수 있다.

필자는 2012년 봄 바이오시대가 도래할 것으로 보고 신약개발 핵심기업을 찾아 나섰다. 그때 찾은 기업이 에이치엘비다. 그 당시 신약개발능력 세계 1등으로 예상되는 바이오 회사가 에이치엘비의 자회사 LSK바이오였다. 10년 이상 지속 성장이 예상되고, 앞으로 다가오는 시대에 핵심 수혜주로 탄생될 것 같고 신성장 산업주에 해당된다고 판단했다. 이렇게 예상되는 기업이 소형주라 하더라도 망할 우려가 없다면 계속 사야 한다. 그런 주식은 10배 100배까지 올라갈 수 있다. 그러나 일반적으로 그런 주식을 찾기 힘들다. 하지만 필자는 2011년 이런 경제적 해자 기업을 찾았다. 바로 바이오주인 에이치엘비 주식이었다. 그 종목이 장기적으로 핵심 1등 수혜주가 될 것으로 생각했기 때문에 직접 투자도 했다.

이런 종목을 찾으면 자식에게 물려주어도 된다. 그러면 10배, 100배 수익이 가능하다. 그리고 앞에서 언급한 주식시장 투자 전략 조건을 직용해서 바로 실전 투자하면 된다. 신싱장 산입 그룹주인

데 새 시대를 개척하면 그야말로 금상첨화다. 새로운 시대를 여는 산업이라면 자녀한테 물려주기에 최고로 확실한 주식이다.

자녀에게 물려줄 주식은 최소한 열거한 조건에 맞는 장기 투자 주식이어야 한다. 그중에서도 장기 투자 주식보다 한 단계 위에 있는 것이 자녀에게 물려줄 주식이다. 더 장기적으로 투자해야 하는 주식인 것이다. 이상의 조건을 충족한다면 매수만 유효하다. 절대 팔면 안 된다. 자녀한테 주식계좌를 물려줄 때는 "열 배의 수익이 있기 전까지는 절대 팔지 말아라!"라고 꼭 얘기해야 한다. 매수 단가에서 열 배 오르면 그때 팔라고 해야 한다. 한 회원 어머니의 사례를 들어보자. 이 회원의 어머니는 두산중공업 주식을 1만 원대에 매수(1억 원)한 후 5~6만 원 정도 올랐을 때 자식에게 물려주고 세상을 떠났다. 유언으로 자식의 이름으로 된 주식계좌를 오픈해주면서 "10배, 즉 10만 원(10억 원) 이상 올랐을 때에만 팔아라. 그 전에는 절대 쳐다보지도 말아라"고 했다고 한다. 왜 이런 유언을 하면서 주식계좌를 오픈했는지에 대한 어머니의 투자 철학을 이해해야 한다. 바로 이런 것이 자녀에게 물려주는 주식이다.

두산중공업 주식은 2000년도 초 그때 당시에는 물려줄 만한 주식이었다. 중국의 엄청난 성장이 시작되었고 오래도록 크게 폭발적인 성장이 예상되던 시기였다. 중동은 풍부한 오일머니로 시설투자를 확대하면서 중국 성장수혜를 직접적으로 받고 있었다. 이런 시대에 직접적으로 수혜받는 주식은 그 당시에 투자했을 때 기본적으로 10배 수익이 가능했다. 이런 이유로 그 주식을 자녀한테 물려주었던 것이다. 그 회원은 어머니의 유언대로 10만 원대 이상 올랐을 때 팔았다고 한다. 1억 원의 투자원금이 13억 원이 되었다. 물론 이 회원이 필자에게 상담하러 왔을 때는 주식 투자로 큰 실패를 하고 본인 사업도 망한 상태였다. 어머니가 물려준 주식계좌로 인해 인생이 망가진 셈이었다. 왜일까? 1억 원이 13억 원이 된 결과만 보고 쉽게 돈 번 것이라고 여겼다고 한다. 현금화한 13억 원을 보면서 주식 투자를 쉽게 생각했다. 마치 자신이 최고 전문가인 양 착각을 한 것이다. 이후 충분히 어머니처럼 할 수 있을 거라 생각하고 직접 주식 투자를 했다고 한다. 어머니가 한 것처럼 13억 원이 130억 원의 수익을 가져다 줄 것이라 믿으며 자만심에 잦은 매매를 한 것이다.

매매 초기에는 며칠 만에 수 억 원이 쉽게 벌리기도 했다고 한다. 그래서 금방 10배 수익을 내고 돈에서 자유로워진 멋진 인생을 꿈꾸었다고 한다. 그 욕심에 잦은 매매를 했다는 것이다. 이 회원은 그 이후에도 주식매매 중독에 빠져서 살았다. 매매 중독자가 되면서 본업도 소홀해지고 수 년을 본전(13억 원) 회복을 위해 다양한 투자경험을 했다고 한다. 필자에게 면담 왔을 때는 이미 지독한 매매 중독자가 된 상태였다. 그리고 원금 13억 원이 8,000만 원이 되고 말았다. 주식 투자를 끊고 새롭게 본인의 전문직으로 돌아가라고 할 수밖에 없던 상담사례였다.

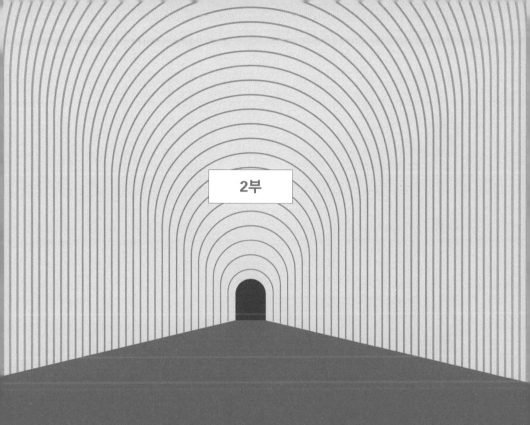

2부

자식에게 물려줄
주식

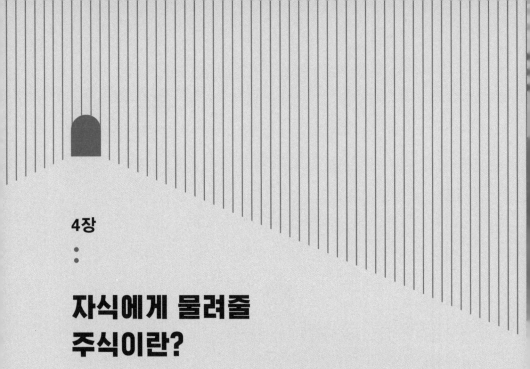

4장

**자식에게 물려줄
주식이란?**

재산 상속의
기본 마인드

상속의 기본 유형은?

유산을 자식에게 물려줄 때, 어떤 생각으로 물려줄 것인지 무엇을 물려줄 것인지 그 마인드와 기본 유형들을 살펴보고자 한다. 대부분의 사람들은 자식에게 항상 좋은 것만 주고 싶어 한다. 이것이 유산을 대하는 대다수 사람들의 기본 생각이다. 자식이 가시밭길을 가기 원하는 부모는 없다. 자신들은 그저 먹고 살 정도의 삶으로 만족한다 해도 자식만큼은 비단길만 걸어가기를 원하는 것이 공통적인 부모 마음이다. 물론 "젊어 고생은 사서 한다"는 속담처럼 고생을 통해 깨달음을 얻는 것도 의미 있는 삶의 태도겠지만 고생하지 않고도 깨닫고 좋은 길을 갈 수 있다면 이것 또한 좋은 것이다.

우리나라 부모들은 자식의 더 나은 미래 보장을 위해 아낌없이 투자해왔다. 베이비붐 세대나 X세대들은 평범하게 직장생활하면서 집 한 채 마련하고 자식 공부시키며 살아왔고 그렇게 살아가고 있다. 그런데 정작 본인의 노후자금은 세대로 마련하시 못한 것이 현실이다. 이런 현실 속에서 노후에 실질적 도움을 받을 수 있는 것으로 주택연금에 가입하여 그 연금으로 생활하는 방법도 있다. 하지만 그렇게 하게 되면 사실상 자녀에게 물려줄 것이 거의 없게 된다.

대다수 베이비붐 세대가 은퇴를 하면 집 한 채를 제외하고 국민연금, 개인연금, 저축한 돈 정도가 있을 뿐이다. 그나마 개인연금과 저축한 여윳돈이 있는 분들은 은퇴(60세) 후 남은 20~30년을 그럭저럭 큰 불편 없이 살아갈 수는 있을 것이다. 그리고 이 세상을 떠날 때 자식에게 남은 집 한 채 정도는 유산으로 물려줄 수 있을 것이다. 서울이나 대도시의 아파트라면 큰 유산이 되는 것은 분명하다.

그런데 생각을 한번 해보자. 상속으로 집 한 채를 자식에게 물려준다면 자식이 2명 이상이거나 자식들의 나이가 50대 이상이라면 상속으로 받는 그 집 한 채가 그리 큰 유산이 될까? 자식들의 인생에서 큰 역할을 할 수 있을까? 물론 상속이 없는 것보다는 더 큰 힘이 될 것은 분명하다. 이러한 형태의 집 한 채 유산상속은 상속하는 부모나 상속받는 자식이나 특별한 전략 수립이 필요하지 않다. 그냥 놔두면 자동으로 이루어지는 구조다. 그런데 한 단계 나아가서 '자식에게 무엇을 어떻게 물려줄까?', '어떻게 하면 내 자식은 나보다 더 편안하게 살아가게 할 수 있을까?', '특히 돈에서 좀 더 자유롭게 살아가게 할 수 있을까?' 등의 고민을 해볼 필요가 있다.

자녀에게 물려줄 유산에 대해 생각해볼 때 매월 주택연금을 받아서 그 연금으로 자식에게 물려줄 주식을 사는 것도 하나의 방법이다. 60세 초반 주택연금에 가입하여 죽기 전까지는 그 집에 살면서 매달 나오는 연금으로 실패 없는 1등주 실전 주식 투자를 하게 되면 20~30년 후에는 집 몇 채를 물려줄 수 있을 것이다.

2018년 가을 주택금융공사에서 특강을 할 때 수강생 중 6억 원 정도의 주택을 소유하고 있고 주택 연금에 가입하여 월 150만 원 정도 받는다고 한 사람이 있었다. 서울 집값이 평균 6억 원 정도였을 때다. 이 주택으로 주택연금에 가입한다면 시세의 등락에 상관없이 30년 동안 어림잡아 월 평균 약 150만 원 정도는 수령할 수 있을 것이다. 그중에서 30%에 해당하는 약 50만 원 정도를 매월 적금후 투자 또는 주식에 투자한다면 세상을 떠날 때 자녀에게 집을 물려주는 것보다 훨씬 큰 재산이 될 수 있다.

자식한테 물려줄 주식을 선정해서 매달 투자한다면 15년 후에는 투자원금의 기본 10배 정도는 수익이 나올 수밖에 없다. 특히 이 자식에게 물려줄 주식은 매달 사기만 해야 하는 주식이다. 사고팔기를 반복할 필요가 없다. 여유자금이 생길 때마다 많이 사서 물려준다면 더 좋을 것이다. 언제 팔아야 하나 고민할 필요 없는, 사기만 해야 하는 주식이라면 공부하는 데 크게 신경 쓸 필요가 없어 부담이 덜하다. 마찬가지로 국민연금을 월 150만 원 정도 받는나면 매달 30% 정도 사주기만 해도 같은 결과가 될 것이다.

유산 상속의 기본유형은 유형자산 중 주로 부동산이다. 일부는 금이나 주식을 물려주기도 한다. 주식도 유형자산이다. 즉, 형태가 있다는 것이다. 주식도 돈처럼 원본, 즉 증서(주권)가 있다. 예를 들면, 삼성전자 주식을 샀을 때 삼성전자의 원본 주식은 증권예탁원에서 잘 보관하고 있다. 삼성전자 1주(1주를 샀다면)를 가지고 있다면 증권회사에 방문하여 현물(전자증권)로 인출해달라는 요구를 할 수도 있고 돈과 같은 주식, 즉 주권 1주를 받을 수도 있다. 대다수 투자자들이 증권사 HTS(홈트레이딩시스템)나 MTS(모바일트레이딩시스템), ARS, 전화, 방문의 방법으로 주식을 사고팔아서 그렇지 만약 부동산처럼 현물을 보고 매매계약서 체결하고 계약금, 잔금을 지불하고 그런 절차로 주식 투자를 하게 된다면 아마도 지금처럼 잦은 매매가 아니라 부동산처럼 장기 투자할 것이다.

한편, 무형자산으로는 상표권, 특허권 등이 있다. 기업이 상표를 물려주는 경우가 주로 해당된다. 또한 장사를 하는 경우 예를 들면, '박소순 할매집 곰탕'이라는 상표를 물려줄 때, 이것이 바로 상표권을 물려주는 경우다. 만약 장사가 잘 되어서 가게를 대대손손 물려준다면 이것 또한 엄청난 유산이 될 것이다. 두산그룹을 예로 들면 '두산'이라는 로열티 상표권이 있는데 계열사에서 '두산'이라는 이름을 사용하는 대가로 로열티, 즉 두산상표권 사용권을 받는다. 지주사들은 이런 로열티, 배당금 등으로 기업을 영위한다.

그리고 자녀에게 물려줄 가장 중요한 것 중 하나는 가치관이다. 특히 올바른 가치관을 물려주는 일은 자식이 살아가는 데 있어 매우 중요한 유산이기도 하다. 눈에 보이지 않고 돈이 되는 것도 아니라고 생각하겠지만 그 무엇보다 중요한 유산이다. 그런데 유독 주식에 대해서는 대부분의 부모가 아무것도 모르거나 관심이 없다. 자식에게 주식을 물려주겠다는 부모가 많지 않다. 오히려 주식 투자 하지 말라고 유언을 할 정도다. 왜 그럴까? 세상에서 가장 적은 돈으로 가장 큰 효과를 볼 수 있는 유산인데 말이다. 부모가 정상적이고 현명한 주식 투자로 재테크를 잘 한다면 자식에게 물려줄 주식을 남길 것이고 그 주식은 자식이 안정적인 삶을 살아가는 기반이 되고 투자에 대한 큰 가르침이 될 수 있을 것이다.

부동산보다 주식이다

메리츠자산운용의 존 리 회장은 미국 월스트리트에서 활동하다가 한국에 들어와서 보니 투자자들 대다수가 삼성전자 같은 주식을 사서 모으지 않고 사고 팔기 위주의 주식을 하고 있다는 것을 알고 크게 놀란 적이 있었다고 했다. 더욱 더 놀라운 것은 주식을 운용한 자산운용사, 증권사 임직원들이 생각보다 노후를 위한 돈이 없다는 것이었다. 정년퇴직 후 본인이 쓸 돈 이외에 자녀에게 물려줄 것도 별로 없었다. 주식 투자를 업으로 한 사람들이 퇴직 후에 직장을 구하고 있다는 현실을 개탄하는 말을 듣기도 한다. 존 리 회장이 친구였던 ○○내 경영학 학장급 교수 일화 하나를 방송에서 얘기한 적이 있다. 대학에서 오랫동안 경영학을 가르치며 투자론 등에 대해 강의도 많이 한 교수였다. 그러면서 존 리에게 10년, 20년 전에 왜 삼성전자 주식을 자신에게 사라고 가르쳐 주지 않았느냐고 물었다고 한다. 그랬다면 자신도 많은 돈을 벌었을 텐데 하고 아쉬워했다고 한다.

그 당시 삼성전자 주식을 사라고 해서 샀다고 해도 지금까지 보유했을까? 아닐 것이다. 우리나라의 대다수 경제인은 물론 경역학을 가르치는 교수조차도 장기 투자를 하지 않았다. 그래서 지금까지 주식 투자로는 큰돈을 모아 놓지 못했다. 언론도 문제다. 공직자 청문회를 보면 공직후보자가 주식으로 수익을 본 경우를 비판조로 언급한 것을 보고 필자는 어찌 똑똑한 기자들조차 주식 투자를 나쁜 것(부정한 것)으로 인식하고 있을까 놀란 적이 있다. 경영, 경제, 투자와 관련된 일을 하는 사람들조차도 체계적인 투자교육을 받지 않아 주식을 도박 같은 것으로 인식하고 있다. 남들이 모르는 정보, 소수의 지인을 통한 미공개정보를 습득해야 주식 투자로 돈을 벌 수 있다는 잘못된 믿음 때문이다.

이런 생각으로는 단기에는 돈을 벌 수 있더라도 10년 이상 장기간 투자를 통해 거액 자산가가 될 수는 없다. 주식은 그런 것이 아니다. 특히 장기 투자에 대해서는 더욱 더 정상적인 방법으로 투자

해야 한다. 지극히 정상적인 투자로도 엄청난 부를 축적할 수 있는 아주 쉬운 방법이 있음에도 불구하고 그 기회를 잡지 못하고 있다. 주식을 위험하다고만 치부해버리기 때문이다. 경영대에서 경제학을 가르치는 교수조차도 주식 투자에 대해 부정적 인식이 강하다. 그만큼 주식 투자법에 대한 올바른 교육을 받는 것이 중요하다. 필자의 책《실패없는 1등주 실전 주식 투자》를 통해서도 투자에 대한 올바른 공부가 가능할 것이다. 특히 장기 투자에 대해 제대로 된 공부를 시작하기 바란다.

재벌이나 부유층이 아닌 일반인(직장인, 소상공인 등)이 큰돈을 벌기 위해서는 거액 자산가가 될 수 있는 주식(실패 없는 1등주)을 사서 모아야 한다. 물론 좋은 주식을 선택하는 것은 당연하다. 사실 자녀한테 물려줄 장기 투자 주식이라면 주가 예측조차 필요 없는 주식이어야 한다. 좋은 주식을 사서 오래 놔두면 된다. 하지만 안타깝게도 우리나라 사람들은 주식에 대한 올바른 가치관을 제대로 배우지 않고 있다. 주식계좌를 만들어 놓고 핸드폰으로 가격만 보며 사고파는 투자자들이 대다수다. 매스컴이나 유튜브, 증권방송 투자관련 매체에서 투기와 도박을 조장하는 경우가 많은 것도 참 안타까운 현실이다. 자녀에게 장기 투자에 대한 주식의 가치관을 정립해서 물려주는 것은 아무리 강조해도 지나치지 않다.

20~30억 원 이상의 금융자산

거액 자산가라면 부동산을 제외하고 금융자산으로 20~30억 원 이상은 있어야만 한다. 최소 10억 원 이상은 되어야 한다. 2017년 1월 31일 국세청 자료에 의하면 2011~2015년 증여재산가액이 50억 원이 넘는 거액 자산가가 자녀나 배우자 등에게 넘겨준 부동산과 주식, 현금 등 재산(과세미달 제외)은 총 8조 3,335억 원으로 집계됐다. 거액 자산가의 경우 주로 부동산이 아니라 주식으로 재산 증여가 이루어진다는 통계가 있다. 주식을 자식에게 물려준다는 이야기다. 다음의 통계자료를 살펴보자. 50억 원 이상의 거액 자산가는 총 8조 3,335억 원의 재산을 상속하지 않고 증여한다.

8조 3,335억 원이라는 거액 자산가들의 증여 재산가액 중에서 주식 증여 재산가액은 총 5조 1,467억 원으로 이 중 약 61.8%을 주식으로 증여하는 셈이다. 일반적으로 부동산을 많이 증여할 것이라 생각하지만 아니다. 신고를 통해 나온 결과가 보여주는 것처럼 현금증여 재산가액이 총 2조 922억 원으로 나타나고 있다. 예를 들어, 신고를 하지 않고 거의 용달차 수준으로 현금 100억 원을 자식에게 주었다고 하자. 어떻게 전달까지는 가능했다고 해도 그 돈을 사용하게 되면 나중에 다 밝혀질 수밖에 없다. 요즘은 앉아서 온라인으로 모든 세무조사를 할 수 있는 시대다. 자녀가 수익이 거의 없는데 현금으로 무엇인가 큰 것을 샀다고 치자. 나중에 부모가 준 것으로 밝혀지면 거액의 세금을 낼 수밖에 없다. 일반적으로 중산층의 경

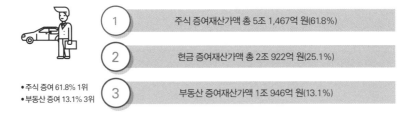

50억 이상 자산가들의 증여재산가액 8조 3,335억 원

1. 주식 증여재산가액 총 5조 1,467억 원(61.8%)

2. 현금 증여재산가액 총 2조 922억 원(25.1%)

3. 부동산 증여재산가액 1조 946억 원(13.1%)

• 주식 증여 61.8% 1위
• 부동산 증여 13.1% 3위

우라면 상속범위 내에서 공제하고 나면 내야 할 세금은 얼마 되지 않지만 재산이 일정 금액 이상이라면 중요한 문제다.

50억 원 이상의 거액 자산가들의 부동산 증여재산가액은 1조 946억 원, 전체 증여재산가액의 약 13%밖에 되지 않는다. 이 가운데 주식 증여재산가액은 총 5조 1,467억 원으로 61.8%를 차지해 재산을 물려주는 수단으로 가장 많이 활용된 것으로 조사됐다. 이어 현금 증여재산가액은 2조 922억 원이다. 평균치와 비교해볼 때 거액 자산가의 증여 재산은 부동산 비중이 낮고 주식 비중은 높은 것으로 확인된다.

전체로 확대해보면 부동산 증여재산가액이 34조 6,255억 원으로 전체의 50%를 차지한다. 이처럼 50억 원 이상의 거액 자산가에 비해 일반인들은 주식보다 부동산으로 재산을 물려주는 경우가 많은 것으로 나타났다. 이어 현금 증여재산은 18조 3,029억 원(26.5%), 주식은 16조 2,578억 원(23.5%)으로 주식의 비중이 가장 낮았다. 거액 자산가일수록 부의 대물림 수단으로 부동산보다 주식을 활용하고 있는 것으로 확인된다.

또한 최근 5년간 주식증여가액은 16조 원이 넘었지만 주식을 증여한 인원은 총 5만 9,140명에 불과해 인원이 가장 적은 것으로 집계됐다. 1인당 2억 7,500만 원에 육박하는 주식을 증여한 셈이다. 부동산 증여 인원은 29만 8,045명으로 1인당 1억 1,600만 원을, 현금 증여인원은 16만 9,987명으로 1인당 1억 800만 원씩 증여한 것으로 조사됐다. 전체적으로 살펴보면 증여재산 가운데 현재까지는 부동산이 가장 많이 활용되고 있지만 주식을 통한 증여가 점차 확대되는 추세다. 과세 미달을 포함할 경우 2011~2015년 증여재산 중 부동산 비중은 57.7%로 주식(15.2%)보다 42.5%p 높다. 하지만 2001~2005년 전체 증여재산가액 대비 부동산 비중은 70.7%에서 2006~2010년 62.9%, 최근 5년 사이에는 50%대로 감소한 반면 주식은 12.2%, 14.2%, 15.2%로 점차 증가 추세다.

양도소득세 과세대상 주식 양도차익은 2011년 6조 8,481억 원에서 2012~2014년 7~8조 원대로 증가하다가 2015년 15조 8,966억 원을 기록해 관련 통계 작성 이래 처음으로 15조 원을 넘어섰다. 양도소득세 과세 대상 주식거래는 2011년 2만 1,000건에서 2015년 5만 6,000건으로 2.7배 증가했다. 국세청 관계자는 "주식 양도차익 규모가 급격히 늘어난 것은 주식 활황으로 주식을 통한 투자 수익이 많이 늘어났기 때문"이라며 "최근 추세를 봤을 때 주식을 통한 부의 대물림은 더욱 늘어날 가능성이 크다"고 말했다. 이와 같은 결과는 중견기업 등 대기업 오너들이 일반적으로 자녀한테 지분(주식)을 넘겨주는 구조에서도 나타난다. 상장기업, 비상장기업 가리지 않고 결국 주식, 즉 지분을 넘겨준다는 얘기다.

실패 없는 1등주 한 종목

필자의 강의나 책을 접한 후 자식에게 물려줄 주식으로 추천한 단 하나의 종목(삼성SDI)을 지금까지 매수해서 자녀에게 물려주고 있다면 어땠을까? 그 당시 삼성SDI 주가가 22만 원 내외였고 2년 뒤 2021년 2월에는 75만 원이 되었다. 무려 3배 이상 수익이 났다. 앞으로 최소 3배 이상 200만 원대(시가총액기준 150조 원)까지 오를 것이다. 그럼 기본 수익으로 10배는 얻을 수 있다. 미성년 자녀에게 비과세로 증여하려면 10년간 2,000만 원이다. 성년 자녀에게 5,000만 원어치를 사서 물려주었다면 2~5억 원으로 불어나는 것은 기본이다. 그래서 실패 없는 1등주로 장기 투자하는 공부를 해야 한다. 초등학교, 중학교, 고등학교 교육을 이수해야 대학을 갈 수 있듯이 투자로 돈을 벌기 위해서도 이처럼 오랫동안 공부하는 것이 기본전제조건이 되어야 한다.

체계적인 투자 공부를 하고 확신과 신념이 생긴 후에 주식을 사 모아서 자녀에게 물려주어야 한다. 공부하기 싫고 어렵다면 그에 맞는 전문가의 조언을 받으면 된다. 내가 아니라면 나는 못한다면 그럼 포기하는 게 정답인가? 아니다. 가상 쉬운 방법이 있다. 필자와 같은 장기 투자 전문가에게 조언을 받는 방법이다. 조언을 습득하고 그대로 따라만 하면 된다. 하지만 우리나라 투자자들의 현실은 장기 투자 관념이 없을 뿐더러 이런 마인드를 갖고 있는 이들도 거의 없는 것 같다. 교보문고나 인터넷 온라인 서점 등에서 장기 투자 관련 책을 사고자 해도 제대로 된 책이 없어 염려스러웠다. 있더라도 장기 투자의 개념이 막연하게 나열된, 그저 일반적으로 시간의 개념을 적용한 이야기뿐이었다. 제대로 된 장기 투자 관련 책이 없다는 안타까운 마음에 2019년 필자가 집필한 책이 《실패 없는 1등주 실전 주식 투자》다.

그저 주식을 오래 들고 있다고 큰돈이 되는 것은 아니다. 은행 이자보다 못한 수익률이 나오는 주식이 대다수다. 주식을 장기 투자할 때 기억해야 할 방법이 분명 있다. 하지만 몇 퍼센트, 몇 배라도 올라가면 금세 모두 팔아 버리고 말기 때문에 10배, 100배의 수익을 내본 적이 없어 일반인도, 전문가도 익숙하지 않을 뿐이다.

또 새로운 종목, 싼 종목만 찾아다니는 사람들이 있다. 테마주 또는 이상한 부실주나 동전주로 몇 백 퍼센트 정도 수익을 낸다 하더라도 결국엔 탕진하고 만다. 이렇게 투자하는 것은 욕망만 앞선 일부 개미들이 주식을 도박처럼 하는 투기법에 해당된다고 말할 수 있다. 동전 테마주 10억 원어치를 어떻게 살 수 있는가? 동전 테마주를 매매(투자)하여 10억, 50억 원을 만들려면 최소 1억, 5억 원어치 주식을 사서 10배 수익을 내야 한다. 아니면 조금씩 10% 수익 실현을 100번 정도 성공해야 한다. 실전에서 작은 수익을 수십 번 반복매매해서 10배 수익을 낸다는 것은 거의 불가능하다.

그래서 올바른 장기 투자법을 가지고 주식을 물려주는 것이 매우 중요하다. 비록 돈이 많지 않은 중산층이라도 거액 자산가들처럼 주식으로 재산을 물려주는 방법을 배우고 그대로 실천하면 된다. 그러면 나도 내 자식에게 재벌처럼 거액 자산가처럼 회사(주식)을 물려주게 되는 것이다. 나도 회사를 물려줄 수 있다니, 자식이 그 회사에서 배당금을 받아서 살아갈 수 있다니 이 얼마나 가슴 뛰는 일인가?

자식에게 물려줄
주식의 특징

투자 전문가들이 말하는 자식에게 물려줄 주식

자식에게 물려줄(선물하고 싶은) 주식의 특징은 투자 대가인 워런 버핏이나 조지 소로스가 주장하는 일반적 특징과 같다. 주로 장기 투자 주식과 동일한 특징들을 포함한다. 물론 향후 3년간 매출과 영업이익 증가율은 매년 15%가 채 되지 않더라도 길게 보면 주식이 수십 배 수백 배 오르는 경우가 있다. 잠시 몇 년 동안은 실적성장이 정체되었더라도 3년, 5년, 10년, 20년 이상의 기간을 설정해놓고 보면 기업 성장은 장기간 지속되기 때문이다.

삼성전자 매출액의 경우 2015년 200조 원, 2016년 202조 원, 2017년 240조 원, 2018년 244조 원, 2019년 230조 원, 2020년 237조 원이었고 2021년에는 270조 원 정도 예상된다. 매출 추이를 분석해보면 2017년 전년동기대비 20% 증가된 것을 알 수 있다. 그

투자 전문가들이 자녀에게 선물하고 싶은 종목의 특징

- 향후 3년간 매출과 영업이익 증가율이 매년 15% 이상
- 지속 성장이 가능한 사업 모델을 보유
- 주력 제품이나 사업의 시장 지배력이 국내 TOP3
- 향후 본업의 경쟁력 강화를 위한 전략과 능력 보유
- 경영 투명성 확보를 위한 우선 경영의 전략 변화 여부
- 임직원의 평가 보상과 만족도가 높은 기업
- 현 주가 대비 기대 수익률 연 30% 이상

러고 나서 실적 정체와 둔화를 겪은 후 2021년 전년동기대비 16% 늘었다. 주가는 2016년 1월 25,000원, 6월 26,000원 내외에 머물다가 7월부터 본격 상승하기 시작하여 18개월 뒤인 2017년 11월에 57,519원을 찍고 하락세로 돌아섰다. 그런 다음 21개월 하락조정을 거친 후 2019년 9월에 또 다시 시세 분출을 시작하여 2020년 1월 이전에 고점을 돌파했다.

이후 코로나19가 시작되고 우리나라 1등주, 세계 1등주 등 모든 주식이 유례없을 정도로 2020년 3월 단기간에 폭락했다. 바이러스 팬데믹 공포 상황을 다소 벗어나고 안정되자 삼성전자 주식도 끊임

없이 우상향하여 사상고점인 96,800원을 기록한 후 현재 조정 중이다. 2017년 매출액은 진년대비 20% 늘었지만 2018년 정체되다가 오히려 2019년에는 줄어들었다. 물론 이익도 같은 추세였는데 2017년에는 전년대비 83% 증가했다. 그 이후 10% 증가한 후 2019년에는 감소하게 된다. 삼성전자는 3년간 매년 15% 이상 실적성장에 해당되지는 않는다. 그런데 중요한 것은 지속성장이 가능한 사업모델을 보유하고 있다는 것이다. 그래서 10년, 20년을 보면 결과적으로 연간 15% 이상 증가된 것이다.

이제는 휴대폰사업부, 가전사업부 등은 고성장이 어려운 경제환경에 놓이게 되었다. 하지만 비메모리반도체 사업부는 인공지능, 자율주행, 기계화 시대에 연간 20% 이상 고성장이 지속될 것으로 전망된다. 좀 더 자세히 살펴보면 비즈니스사업 모델은 가전, 스마트폰, 반도체(메모리, 비메모리 각 1/2) 사업부로 나누어져 있다. 이 중 메모리 반도체 매출비중이 23~33%를 차지한다. 메모리 사업부의 비중 등락에 의해 전체 실적이 좌우되는 구조다. 즉, 메모리 가격 변동에 의해 실적 변동이 이루어진다고 봐도 무방하다. 그렇다면 메모리 가격 예측이 실적 예측이고 실적 예측이 주가 예측인 것이다.

메모리 가격 예측이 안 된다면 주가 예측도 안 되는 상황이다. 이제 휴대폰사업, 디스플레이, 가전 등은 크게 성장하지 못하고 있다. 메모리 사업부는 최근 수년 동안 인공지능 시대를 맞아 데이터센터가 큰 성장 동력이었다. 인공지능(AI) 인프라 구축에 필요한 기본이 데이터센터 건립이기 때문이다. 사물인터넷, 자율주행차 등 인간의 역할을 대체하기 위한 기술을 기반으로 학습하는 인공지능이 데이터센터에 축적된 데이터를 이용하게 된다. 그래서 데이터센터(정보저장소)용 메모리반도체 소비가 폭증하게 된 것이다. 이 때문에 2016년부터 삼성전자 메모리사업부의 급성장이 수년간 지속된 것이다.

삼성전자의 주력제품이나 사업의 시장지배력은 국내 TOP3에 해당되고 메모리사업은 세계 1등이다. 비메모리(시스템반도체 + 파운드리)는 글로벌 시장에서 3등에서 5등 정도 된다. 스마트폰, 가전, 디스플레이는 세계 1등에서 2등이다. 이처럼 삼성전자는 향후 본업의 경쟁력 강화를 위한 전략과 능력 보유 면에서 세계 1등이라 해도 과언이 아니다. 경영투명성 확보를 위한 우선 경영의 전략 변화 여부도 바람직하다. 임직원의 평가보상과 만족도가 높은 것으로도 타의 추종을 불허한다.

매년 30% 이상의 주가기대수익률을 기대하는 것은 불확실한 상황이지만 현 주가 대비 장기 10년 기대수익률 연 30% 이상 10년간 기대수익률 300% 이상은 당연하다. 1985년 저가대비 사상고점 96,800원으로 수익률을 계산해보면 1,400배 올랐다. 이처럼 삼성전자는 자녀에게 선물하고 싶은 종목의 특징을 완벽하게 충족하고 있다. 삼성전자 장기적 주가를 분석해보면 징기적으로 우싱향 중이다. 왜 그럴까? 바로 실적이 계속해서 상승하고 있기 때문이다. 물론 대한민국 1등주라서 더욱더 그렇다. 단기적으로 수년 동안 몇 가지 조건에는 부합되지 않더라도 1등주라서 10년 정도 장기적으로 보면 충족한다. 그래서 자녀에게 물려주어도 된다. 3년간 매출액과 영업이익 증가율이 매년 15% 이상 꾸준히 증가되지 않고 변동이 심하더라도 장기적으로는 실적성장이 연평균 15% 이상 충족될 것이다.

가전사업부 내 TV사업은 흑백TV에서 컬러TV를 거쳐 LCD와 QLED TV로 진화하는 과정에서 세계 최초 타이틀을 자랑하면서 2006년부터 10년 이상 세계시장 1위를 석권 중이다. 1992년 이후 줄곧 종합반도체 1위를 놓치지 않았던 인텔을 제치고 삼성전자가 1위에 오른 것이 2017년이었다. 삼성전자는 1등 유전인자DNA를 가지고 있다고 해도 과언이 아니다. 가전, LCD 모니터 등의 사업도 시작한 이후 결국 1등을 이뤄냈다. 또한 반도체 사업도 시작한 이후 메모리 부분 1등이다. 향후 시스템 반도체 파운드리도 2030년 1등을 목표로 하고 있다. 즉, 삼성전자는 1등 유전인자를 보유한 경제적 해자의 대표적 기업이다. 그래서 자녀에게 물려주어도 되는 주식인 것이다.

삼성전자 말고 1980년대(가전), 1990년대(LCD), 2000년대(휴대폰) 경쟁상대였던 LG전자를 자식에게 물려주었다고 가정하면 어떻게 되었을까? 30년간 삼성전자는 수백 배 오르는 사이 LG전자는 몇 배밖에 오르지 못했다. 그래서 장기 투자를 할 주식이나 자식에게 물려주는 주식을 선택할 때는 몇 년 잘 나간다고, 몇 년 주가수익률이 좋다고 선정하는 것이 아니다. 즉, 실패 없는 1등주라는 조건에 충족되어야 장기 투자를 하든지 자식에게 물려주든지 해야 한다.

전문가의 추천 종목이라도 선별이 필요하다

만약 자식에게 물려줄 만한 주식에 대해 알고자 한다면 쉽게 신문을 찾아봐도 알 수 있다. 물론 증권사 CEO가 자식들에게 선물하고 싶은 주식이 신문에 나온다고 해서 무조건 이런 주식을 사서 물려주면 안 된다. 이 책의 내용을 읽고 이해하고 왜 그 주식이 물려줄 만한 주식인지 스스로 그 이유를 알아야 한다.

다음 신문기사에서 증권사 CEO가 자식들에게 선물하고 싶은 주식들을 살펴보면 업종을 선도하고 성장성이 좋은 중소형주에 해당되는 한화테크윈, 종근당, 솔브레인 등이다. 증권사 CEO라 하면 그렇지 않은 분이 한두 명 있을 수 있겠지만 보통은 증권계에 평생 몸담았던 능력 있는 사람들이다. 이 기사들은 CEO 스스로의 생각을 기사화한 것이라기보다는 각 리서치센터에서 선정된 종목을 기사화한 것이다. CEO의 이름으로 증권사 최고의 종목을 지면에 올려놓은 것뿐이다. 따라서 전문가 집단에서 추천한 종목이라도 선별이 필요하다.

증권사 CEO가 추천하는 자녀·손주에게 물려줄 만한 주식

구분	강대석 신한금융 사장	김흥제 HMC 사장	나재철 대신증권 사장	서명석 유안타 사장
대형주	① 네이버 ② 삼성전자	① 네이버 ② 녹십자	① 삼성전자 ② KT	① 네이버 ② LG디스플레이
중소형주	없음	없음	③ 한화테크윈	③ 종근당
추천 이유	① 검색에 이어 인터넷 플랫폼 시장 투자 효과 ② 스마트폰, 반도체, 디스플레이 등 세계1위	① 미래 10년 애플 IT기업, 새로운 트렌드와 변신에 유연 ② 백신 국내 시장 점유율 1위, 경쟁력 있는 자회사 보유	① 반도체 독점적 지위, 하만 인수·합병 효과 ② 폭발적 데이터 사용량 수혜 ③ 해외 방산사업 수익성	① 향후 인공지능 시대 수혜 ② OLED 교체의 최대 수혜 ③ 바이오 시장 확대 수혜

(※가나다 순)

구분	신성호 IBK 사장	여승주 한화증권 사장	이진국 하나금융 사장
대형주	① 삼성전자 ② 현대차	① 이마트 ② 한샘	① 삼성전자 ② 현대중공업
중소형주	③ 코오롱인더스트리	③ 솔브레인	③ CJ E&M
추천 이유	① 향후 변화에 대응할 내부자금 ② 제품 가격 경쟁력 ③ 수소연료전지 개발 선두주자로 높은 성장성	① 전문점 시장 영역 확대 ② 시장 개편에 수혜 예상 ③ 반도체 디스플레이 2차전지로 균형적 사업 구성	① 글로벌 IT 업황 회복 ② 구조조정으로 향후 업종에서 독점적 지위 ③ 콘텐츠 경쟁력 중장기 성장

새해·졸업시즌…
증권사 CEO가 자식에게
선물하고 싶은 주식
(2016년 12월 19일 매일경제 기사)

　　기사에서는 공통적으로 삼성전자, 네이버, 녹십자, LG디스플레이, 현대차, KT, 현대중공업, 한샘, 이마트, 한화테크윈, 종근당, 코오롱인더스트리, 솔브레인, CJENM 등의 주식을 그해 자녀에게 선물하고 싶은 주식이라고 기록하고 있다. 그 당시에 이런 기사를 보고 필자는 다음과 같이 생각했다. CJENM은 별로 성장성이 안 보인다. 코오롱인더스트리는 화학주이고, 종근당 등 제약주들은 이미 다 올랐다. 한화테크윈 등 방산 관련 주식은 더 이상 고성장이 쉽지 않다. 이마트는 소비가 줄어드는 시대이고 유통시장도 기존 유통시장 질서가 무너진 상태라 고성장이 불투명하다. 한샘의 전방산업인 건자재시장은 경기가 좋을 때는 좋지만 경기 침체 시 실적 성장이 불투명하다. 현대중공업은 과거 조선업 시장 고성장 시대의 피크였던 2010년 무렵의 매출과 이익을 앞으로 경신할 수 있을지 불투명하다. 현대차의 경우 유휴시설이 20% 남아돌고 있고 LG디스플레이는 흑자와 적자를 반복하고 있다. 디스플레이 산업이 성숙기, 쇠퇴기에 놓여 있기 때문이다. 이처럼 증권사 최고의 집단인 애널리스트, CEO가 선택한 대다수 종목들도 장기 투자해서는 안 될 주식인 것이다.

대다수 전문가들은 전문가 함정에 빠져서 헤어 나오지 못한다. 전문가들이 전문가 함정에 빠지지 않으려면 자기 분야 이외에도 다양하게 공부해야 한다. 세상의 흐름도 읽고 그것을 자기 전문분야에 활용해야만 하는데 대다수는 이런 노력을 하지 않고 답답한 전문가로 남아 있는 것이다. 주식 투자로 큰돈을 벌어 본 사람들이라고 볼 수 없을 정도다. 또 투자 전문가의 경우도 투자에 대한 해박한 지식이 있다고는 하지만 실전 투자에서 실패 없이 큰돈을 항상 버는 것은 아니다.

2016년에 추천되었던 종목의 현재 결과를 보면 삼성전자, 네이버를 제외하고는 꾸준히 오른 종목이 거의 없다. 네이버는 최근 수년간 크게 올랐고 잠깐은 좋았을지 모르지만 그 외에 꾸준히 크세 오른 종목은 거의 없다. 아직도 과거 고점을 회복하지 못한 주식도 많다. 요즘은 증권방송TV(케이블재널), 증권사 사이트 이외에 유듀브, 네이버, 카카오 채널에서도 쉽게 주식관련 전문가를 만나볼 수 있다. 주식을 처음 접하거나 분석력이 낮은 일반 투자자들은 자칭 전문가라고 하면 그냥 믿고 투자 조언을 받아들이는 경향이 있다.

　조금만 노력하면 투자 관련된 정보, 소식을 쉽게 접할 수 있고 정보의 홍수 시대에 살고 있는 지금이다. 그래서 진짜를 알아보는 것이 더 힘들 수 있다. 가짜를 추종할 수 있는 위험이 큰 시대다. 일단 전문가 말을 듣고 투자를 실행하고자 한다면 반드시 그 전문가의 실력을 검증해 보고 난 후 따라야 한다.

자식에게 물려줄 주식 3대 투자 비법

핵심은 10, 10을 기억하라

자식에게 물려줄 주식의 3대 비법에 대해 살펴보고자 한다. 자식한테 물려줄 주식의 3대 비법의 핵심 비기는 텐(10)이다. 3대 비법 중 첫 번째는 10년 이상 성장(주도) 산업이어야 한다는 것이다. 두 번째는 반드시 10년 이상 보유할 주식이어야 한다. 세 번째는 반드시 10배 이상 수익이 나오는 주식이어야 한다. 이 세 가지 사항에 해당되지 않는 주식이라면 자식에게 물려주어서는 안 된다. 이 세 조건에 부합하는 종목을 1,000만 원어치를 샀다고 할 때 최소한 10배 이상인 1억 원의 수익이 될 때까지는 10년 안에 팔지 말아야 한다. 그런 종목이라면 10년 동안 또는 그 이상 지속 성장하는 주력 산업의 직접적 수혜주이기 때문이다.

저성장 고착화 시대에 장기간 성장하는 산업을 찾는 것은 아주 어려운 일이 될 것이다. 10년 이상 성장주도 산업으로 성장하려면 최소한 연간 15% 이상 성장해야 한다. 메모리 반도체는 앞으로 10년 이상 성장주도 산업이 되기 힘들다. 고성장이 불가능하다. 자동차도 그렇고 내수주는 인구가 감소해서 더 그렇다. 유통주도 마찬가지다. 10년 이상 성장주도하는 산업은 찾아보기 힘들다. 만일 그 산업을 찾는다면 행운이다. 필자가 2010~2012년경에 찾은 10년 이상 성장주도 산업이 바이오 산업이었다. 바로 셀트리온과 에이치엘비 딱 2개였다. 이 두 개의 주식은 10년간 100배 이상 상승한 주식이다. 앞으로는 이렇게 오를 바이오주를 찾기 힘들 것이다.

바이오 산업을 더 살펴보자. 어떤 신약개발 회사가 신약개발에 성공하고 또 계속해서 성공이 반복된다면 10년 이상 고성장이 가능하기 때문에 고성장 바이오 산업 내 주도 수혜주가 될 것이다. 바이오 산업에서 10년 이상을 바이오신약 개발을 주도하고 10년 이상을 보유할 수 있는 주식이라면 소형주라 해도 투자해도 좋다. 이런 주식을 지금 시점에서 사서 10배 이상 수익을 내야 한다. 주가가 올랐다가 내려오면 1년 동안 매집한다고 볼 때 10배 수익이 가능한 주식이라면 사면 된다.

지금 시점에서 한번 생각해보자. 에이치엘비가 3만 원인데 30만 원 간다는 확신이 들면 사도 된다. 알테오젠이 지금 7만 원인데 앞으로 70만 원까지 오를 수 있다는 확신이 섰다면 지금부터 사서 자식에게 물려줘도 되는 주식이다. 한미약품이, 녹십자가, SK바이오가, 삼성바이오가 앞으로 10배 오른다는 증거를 찾고 확신이 생긴다면 자녀에게 물려줘도 된다. 10배 수익에 대한 확신이 없다면 자녀에게 물려주면 안 된다. 미국에도 좋은 바이오주가 있고 바이오는 10년 이상 주도 산업으로 성장하고 있다. 셀트리온은 연간 이익이 5,000억 원씩, 매출이 1조 원 이상씩 나온다. 고성장 바이오 산업에 속하기 때문에 주도 산업이다. 신약개발 업체는 성공하면 무조건 고성장으로 봐도 된다. 그런 종목을 사면 된다.

바이오주는 좋은 고성장 산업이지만 지속적으로 고성장하는 기업은 몇 개 되지 않는다. 그리고 신약 실패확률이 워낙 높기 때문에 미래가 불투명한 게 단점이다. 그래서 잘 아는 바이오주가 아니라면 관심에서 제외시켜야 한다. 자식에게 물려줄 주식의 3대 비법에서 10이라는 숫자는 매우 중요하다. 필요충분조건이다. 10의 조건을 충족하지 못하는 주식은 자식에게 물려주면 안 된다.

10년 이상을 주도할 산업으로 삼성전자는 어떨지 살펴보자. 10년 이상 보유하고 10배 수익이 나려면 8만 원에서 80만 원 이상까지 올라야 한다. 시가총액 현재 420조 원에서 4,200조 원까지 올라갈 수 있을지를 생각해봐야 한다. 필자가 판단하기에 지금 시점에서는 기대하기 어려운 미래다. 우리나라 주식시장 전체 시가총액이 2,500조 내외이고 미국 현재 1등 주식이 시가총액 2,800조 원 내외다. 그런데 이보다 2배 정도의 시가총액이 되어야 한다는 것인데 현재 시점에서는 거의 불가능하다고 분석하는 것이 합리적인 판단이다. 아무리 삼성전자라 하더라도 우리나라 전체 시가총액의 2배, 미국 1등 기업보다 2배 이상 가긴 힘들다. 즉, 10배 이상 수익은 어렵다는 것이다.

물론 삼성전자는 우리나라 1등주이기 때문에 시가총액 10배 이상 상승은 어렵더라도 기본적으로 몇 배 이상은 오를 것으로 보인다. 삼성전자 시가총액이 420조 원 내외인데 주가가 16만 원대에 이르면 2배 이상 상승하는 것이니 시가총액은 1,000조 원이 된다. 애플 시가총액이 2,800조 원 내외에 형성되어 있는데 외국인 선호 종목인 삼성전자라면 충분히 현재 주가 대비 2~3배는 더 오를 수 있을 것이다. 이런 측면에서 몇 배 수익과 안정적인 배당만 기대한다면 장기 투자해도 좋은 종목이다. 그러나 자식에게 물려줄 주식은 아니라는 것이다. 물론 이 정도 수익으로 만족한다면 대한민국 1등주이면서 실패 없는 1등주이기에 특별한 문제는 없다고 봐야 한다. 자식에게 물려줄 주식의 핵심 투자 포인트 세 가지를 다시 한번 살펴보면 첫째, 10년 이상 성장주도 산업으로, 둘째, 10년 이상 보유해도 좋은, 셋째, 10배 이상 수익이 나는 주식이어야 한다.

10년 이상 성장주도 산업이어야 한다

첫째, 10년 이상 성장주도 산업이어야 한다. 그래야 주가가 장기적으로 우상향하면서 지속적인 상승을 할 수 있다. 그저 3년만 주도

> 첫째, 10년 이상 성장주도 산업이어야 한다.
>
> → 그래야 주가가 장기적으로 우상향하며 지속 성장한다.

하고 산업이 끝난다면 2년 이전에 고점을 예측하고 팔아야 한다. 셀트리온은 바이오시밀러로 10년 이상 산업을 주도할 수 있다. 10년 이상 주식을 보유한다고 볼 때 바이오시밀러 산업이 성공한다면 기본 10배 수익이 가능하다.

그러나 10~20배 수익이 나려면 200만 원대에 해당되고 지금 20만 원대에서 올라가야 하는데 쉽지 않을 듯하다. 기본적인 주가 예측의 전제조건은 실적예측인데 지금 영업이익이 5,000억 원 내외이니 10배가 오른다면 5조 원 내외까지 실적이 나와야 된다는 것이다. 그러기 위해서는 지금보다 더욱더 시설에 투자하여 10배를 증설해야 하는데 그게 가능할까를 따져봐야 한다. 쉽지 않을 것으로 보인다. 즉, 현 시점에서는 10년 후에라도 5조 원의 영업이익은 무리라고 본다. 그래도 장기적으로 현재보다 5배 이상 주가가 올라 백만 원대 정도는 바라볼 수 있을 듯하다.

에이치엘비는 신약 개발을 시작하여 출시하려면 기본 10년 정도의 기간이 걸리기 때문에 개발 이후 7년째 매도하면 된다. 2011년에 출발했으니 (표직)항임제 신약개발 사이클을 10년으로 볼 때

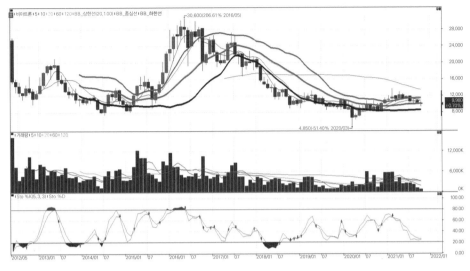

비아트론 주가 차트

2018~2019년에 매도해야 된다. 정확히 2012년부터 2018년도까지 100배 정도 시세가 폭발했다. 사상 저점 대비해서는 200배 올랐었다. '10년 이상 주도할 산업'이라 하면 과거(2010년 내외)에는 바이오, 바이오시밀러였고 현재(2016년부터 산업사이클 성장시작)에는 전기차 배터리 산업 등이라고 할 수 있다. 물론 시스템 반도체도 10년 이상 성장할 것이다. 삼성전자, DB하이텍이 핵심 고성장 수혜주다. 물론 SK하이닉스의 향후 시스템반도체 사업도 본격화될 것이다. 자율주행차는 앞으로 10년간 산업을 주도할 수 있지만 단독산업이 아닌 융합산업이기 때문에 정확히 어떤 것이 큰 수혜가 될지 선별

하기 어렵다. 주식이 10배 이상 오르려면 이익도 비례해서 나와야 한다. 10년 이상 주가가 오르기 위해서는 성장주도 산업으로 이익도 연속적으로 올라야 한다.

디스플레이 장비주인 비아트론 주가흐름을 살펴보자. 2015년도에 주가가 오르기 시작하여 15개월 동안 3배, 4배 오르고 그 이후 지속 하락하여 오르기 전 가격까지, 즉 제자리로 회귀하였다. 장비주는 3년간 성장하면 성장이 멈추기 때문에 미리 2년 시점에 팔아야 한다. 따라서 자식에게 물려줄 주식이 아니다. 지난 2015년 바닥에 물려줬어도 지금 본전이다. 고성장이 멈춘 장비산업의 특성상 장비공급 사이클은 3년 정도밖에 성장을 못하기 때문에 자식에게 물려주면 안 되는 주식이다.

단기매매를 고려한다 해도 이런 장비공급 사이클과 실적, 주가에 대해 정확히 예측 가능한 고수, 전문가의 영역이지 일반 투자자 영역이 아니다. 또한 디스플레이 관련주 측면에서도 주도주가 아니기도 하고 소형주. 10년 이상 주도 산업을 볼 때 장비업종, 금융업종, 조선업종 등은 등락이 심하여 자식에게 물려줄 주식에 해당되지 않는다. 10년 정도 산업이 고성장한다면 주가는 7년 시점에 끝난다. 산업이 고성장을 멈추기 수년 전에 이미 주가는 끝난다는 것을 예측해야 한다.

LG화학 종목을 살펴보자. 과연 10년 이상 주도주가 가능할까? 1등 배터리주이긴 하지만 10년 이상 보유해도 되는 주식일까? 10

배 이상 수익 날 주식일까? 38만 원에서 380만 원까지 수익이 가능할까? 전기차 배터리 산업이기 때문에 당연히 갈 수 있다. 그런데 화학사업부가 주력이라서 면밀히 살펴보아야 한다. 모든 제품 원료가 화학에서 나온다. 화학사업부도 꾸준히 실적이 나오지만 경기부침에 따라 실적 변동이 크다. 중국 경기 부진, 인구 감소에 영향을 받아 판매 신장이 지속되기 어렵고, 경기가 장기적으로 안 좋으면 그 산업의 화학부문 실적도 안 좋을 것이기 때문이다. 배터리사업부는 장기간 고성장 산업이라 좋지만 화학 실적이 안 좋을 때에는 비중이 높아 전자 실적 성장이 어려울 수 있다.

38만 원에서 시작하여 목표가가 380만 원인데 화학사업부 때문에 목표가 보장이 확실치 않다. 목표가를 보장할 수 있다고 주장하기 어려운 경우다. 화학사업부만 없다면 당연히 LG화학의 380만 원 목표가는 가능하다고 본다. 이 화학사업부 때문에 자녀에게 물려주면 안 된다. 이것은 배터리사업부가 분사하기 전의 투자 포인트였고 물론 배터리사업부가 분사하여 LG에너지솔루션으로 상장하게 되면 LG에너지솔루션에 투자하면 된다. 당연히 분사 이후에는 LG에너지솔루션을 자회사로 둔 LG화학에 장기 투자하여 자식에게 물려줄 이유는 없다.

10년 이상 보유해야 한다

둘째, 10년 이상 보유해야 한다.

→ 지금 물려주는 게 아닐 수도 있다.

→ 매매할 주식이 아니다.

→ 내 자식에 이어서 내 손주에게까지 갈 수 있어야 한다.

둘째, 자녀에게 물려줄 주식은 10년 이상 보유해야 하는 주식이어야 한다. 투자기간의 기본전제 조건이다. 10년이 아닌 5년 후에 주식을 매도해야 한다면 필요충분조건에 해당되지 않는다. 10년 기준을 보고 종목을 선정했는데 그 사이에 주가가 10배 이상 올랐다면 그 주식은 매도해도 상관없다. 즉, 10년 이상 보유할 생각으로 종목을 선택했는데 바로 10배로 올랐다면 이익을 내도 된다. 또한 수익이 10배 이상 되었는데도 산업이 지속 성장 중이면 계속 보유하는 게 더 낫지만 그래도 목표가 이루어졌기에 팔아먹어도 된다는 것이다. 10년 이상 보유하고 10배 이상 수익이 나야 한다는 필요충분조건에 맞기 때문에 팔 이유가 생기면 그때는 팔아야 한다. 중요한 것은 주식은 한번 사면 사고팔고 반복하지 말아야 한다는 것이다. 주식은 사고파는 것이 아니다. 일정한 수익이 나기 전까지는 절대 팔면 안 된다.

LG화학이 향후 3년간 매출과 영업이익 증가율이 매년 15% 이상이고 배터리 산업으로 지속 성장이 가능하다고 가정해보자. 시장 지배력도 좋고 본업의 경쟁력도 좋다. 현 주가대비 기대수익률 연 30% 이상인 것도 좋다. 기본적으로 모든 조건을 충족하지만 이 조건은 베터리 산업에만 확실하게 해당되는 것이다. 화학산업에는 해당되지 않는다. SK이노베이션도 마찬가지로 자식에게 물려주면 안 되는 주식이다. 배터리 분리막 사업은 향후 전망이 밝지만 경기불황 시 정유사업부 때문에 수익 보장이 어렵다. 사고 싶다면 배터리 셀 사업부가 분사한 그 회사, 즉 SK온 주식을 사면 되는 것이다. 분사된 SK온을 자회사로 둔 SK이노베이션은 자녀에게 물려주면 안 되는 주식이다.

10배 이상은 수익이 나야 한다

> **셋째, 10배 이상은 수익이 나야 한다.**
>
> → 시간의 가치를 감안하기 때문이다.
> → 자식을 돈에서 해방시키기 위해서다.

셋째, 자녀에게 물려줄 주식은 10배 이상은 수익이 나는 주식이어야 한다. '10'이라는 이 조건들을 반드시 충족해야 된다. 그렇다면 10배의 수익을 미리 어떻게 예측할 수 있을까? 10배 수익의 확신이 있다면 모든 방법을 동원해서라도 그 종목을 꼭 매수해야 한다. 10배 수익 날 종목에 대한 확신을 갖기 위해서는 장기 투자에 대한 공부가 전제 조건이다. 지금 당장 물려주는 것이 아닐 수도 있고 본인이 보유하고 있다가 10년 후 물려줄 수도 있다. 여기서 중요한 것은 매매하는 주식이 아닌 사기만 하는 주식을 보유해야 한다는 것이다. 자식에 이어서 손주까지 갈 수도 있어야 한다. 본인이 80세이고 자녀가 60세이면 자녀에게도 또는 손주까지도 갈 수 있는 장기적인 마인드가 있어야 한다. 장기 투자의 개념보다 한 단계 위에 있는 주식 투자법이 자식에게 물려줄 주식 투자법이다. 즉, 장기 투자보다 한 차원 높은 개념이다. 그 주식을 보유해서 자식, 손주까지 물려줄 주식은 10년 이상 보유하고 10배 이상 수익이 나는 조건을 충족해야 하므로 최소 10년 이상 성장할 수 있는 산업이어야 한다. 2~3배 오를 주식을 물려주는 것이 아니라 10배 이상 수익 날 주식을 자식이나 손주에게 주어야 한다. 주식시장에서 2~3배 수익 날 주식이나 1년 안에 몇 배 올라가는 주식들도 많기 때문에 그런 주식들은 물려줄 필요 없이 본인이 보유하다가 수익을 실현하면 된다.

결국은 한 종목에 장기 투자가 답이다

핵심 포인트 : 10년 이상 주도 산업 + 10년 이상 보유 + 10배 이상 수익

➜ 핵심 포인트 3가지를 반드시 갖추고 있는 주식일 때 자식에게 물려준다.

　자녀에게 물려줄 주식은 10년 이상 주도 산업이어야 하고, 10년 이상 보유해야 하며 10배 이상 수익이 가능한 주식이어야만 한다. 시간의 가치를 감안했을 때 자식을 돈에서 해방시킬 수 있어야 한다. 10년 동안 주식이 2~3배 정도로 올랐는데 생각해보면 3년 동안 100% 오르는 주식을 3번만 매매해도 300% 수익이 된다. 전혀 모르는 주식이나 대충 아는 주식을 사서 자식에게 물려줄 수는 없다. 1억 원이 3년간 3배 수익이면 3억 원이고, 6년이면 10억 원이 된다. 100% 수익이라면 2년이면 2억 원, 2년 뒤에 4억 원, 8년 뒤에 8억 원이 된다. 3년 동안 100% 수익이 나는 대형주, 중소형주는 쉽게 찾을 수 있다. 3년 동안 100% 수익 낼 수 있는 종목은 시장에 널려 있다.

　그런데 실전투자에서 대다수 투자자들은 10년 동안 몇 배 수익이 아니라 오히려 투자 손실을 본다. 왜일까? 10년 동안 1억 원으로 10억 원을 못 만드는 이유는 한 종목만 사는 것이 아니라 몇 종목을 사기 때문이다. 또한 매매가 잦기 때문이다. 작은 수익이라도 챙긴

다는 마인드 때문이다. 조금만 공부하고 투자의 본질을 살피고 장기 투자한다면 3년 동안 100% 수익이 가능한 한 종목을 고르는 것은 아주 쉽다. 10년 동안 보유하면서도 3~5배의 수익밖에 내지 못하는 종목은 굳이 자식한테 물려줄 생각하지 말고 본인 시대에 끝내야 한다. 자식 시대까지 갈 필요도 없다. 시간의 가치는 이런 개념이다.

최소한 10년 동안 보유할 주식은 매도하지 말고 매수만 해야 한다. 10년 주도 산업이므로 매출 또한 당연히 10년 동안 10배 성장해 10배 수익이 가능하다는 조건이 전제되어야 한다. 차트나 파동만 보면서 단타매매하는 주식은 절대 자녀에게 물려주면 안 된다. 그 기업이 미래 10년 뒤 어떻게 될지 잘 모른다면 당연히 그 주식의 주가도 어떻게 될지 모르는 것이다.

이상에서 언급한 자식에게 물려줄 주식의 조건을 반드시 갖춘 주식을 자녀에게 물려주어야 한다. 그런 주식이 아니라면 자식에게 단타성 도박게임을 가르쳐주는 것과 같다. 주식을 도박처럼 하다가 물린 주식은 더더욱 물려주면 안 된다. 물려받은 주식을 보고 자식도 똑같이 도박을 배우는 것이다. 자식이 도박꾼으로 살아가기를 원하는 부모는 없다. 가장 중요한 키워드는 '10'이다. '10'의 조건을 반드시 충족하는 주식이어야 한다.

확실한 수익을 위해서는 매수만 유효한 주식, 인생 동반주에 투자하는 것이 가상 좋다. 인생 농반주를 얼마나 많이 확보하느냐가

관건이다. 이런 인생 동반주라도 비중 축소를 해야 할 때가 온다. 이때, 즉 성장 말기 또는 성숙기 진입 시기 3년 전부터 매도 근거를 찾아서 매도하면 된다. 비중 축소를 해야 할 때는 최초 투자 원금만 인출하고 매도는 절대 금지다. 죽음이 갈라놓을 때까지 매도 이유가 없다면 보유하라는 워런 버핏의 말처럼 강력한 신념을 가져야 한다. 기본적으로 매수만 해야 하고 얼마나 많이 확보하는지가 장기 투자 성공의 관건이다.

인생 동반주를 왜 사서 가지고 있어야 하는지, 왜 매매하면 안 되는지를 공부하고 실천하면서 수익을 실현해봐야 한다. 그래야 재미있는 주식 투자를 할 수 있고, 결국 크게 성공하는 투자자가 될 수 있다. 자식에게 물려줄 주식도 인생 동반주의 핵심 포인트와 같다. 그래서 장기 투자라는 의제에 대해 늘 생각해보고 구체적으로 공부해보고 실전경험도 해봐야 한다. 그러면서 장기 투자가 습관화되면 그 다음으로는 자식에게 물려줄 주식을 사서 모아가야 한다. 그러면 최고의 장기 투자자가 되는 것이다. 실패 없는 1등주, 자식에게 물려줄 주식으로 장기 투자를 실천하게 되면 나와 내 자식은 돈에서 해방될 것이다.

5장

:

어떤 종목을
자식에게
물려줄 것인가?

무엇이 자식에게 물려줄 주식일까? 대다수 투자자들과 대다수 전문가들이 업종대표주를 물려주면 안전하다는 선입견을 가지고 있다. 시가총액 상위 주식을 물려주면 된다고 한다. 유명한 투자 전문가들조차 시가총액 10등까지의 주식은 손절하지 않고 보유해도 된다고 떠들기도 한다. 그런데 한 5년, 10년이 지나고 보면 그 당시에만 인기가 좋았던 주식이 대다수였다는 것을 알 수 있을 것이다. 왜 많은 전문가들조차도 5년 10년 뒤 주가를 못 맞출까? 바로 시대 흐름을 등한시한 결과다.

　먼저 국내업종 대표주를 물려준 결과는 어떨까? 국내업종 대표주는 우리나라에서 그 분야 1등인 회사다. 만약 식품회사라고 한다면 식품 산업에 관련된 수많은 회사 중 1등이라는 말이다. 셀트리온은 바이오시밀러 분야 1등 회사다. 현대차도 SK델레콤도 아모레퍼시픽도 KB금융도 모두 1등이고 미래에셋증권(삼성증권)도 마찬가지나. 이런 주식들을 자식에게 물려준다고 할 때 그 결과에 대해 살펴보고자 한다. 국내업종 대표주를 물려준 결과는 어떠했고 앞으로 어떻게 될까?

지금도 우상향 중
대한민국 1등주
'삼성전자'

아무 때나 물려주어도 돈이 되는 주식

삼성전자는 아무 때나 물려주어도 돈이 된다. 몇 년 동안은 주가가 일정 기간 정체하는 시기가 있었으나 장기간으로 보면 우상향으로 올라왔다. 향후에도 또 올라갈 것이다. 당연히 10만 원대는 기본이고 장기적으로 20만 원대를 넘길 것으로 전망한다. 16만 8,000원 정도 가면 액면분할(1/50) 전 주가로는 대략 840만 원, 시가총액으로는 1,000조 원대 시대가 열리는 것이다. 장기적으로 시스템 반도체가 고성장하기 때문에 시가총액 1,000조 원은 충분히 넘길 것으로 본다. 삼성전자는 장기간 끊임없이 성장하므로 이 회사의 주식이라면 장기 투자자들은 기본적으로 아무 때나 사서 자식에게 물려줘도 된다는 말이다. 삼성전자는 자녀들이 있다면 최소 1주라도 사줘야 된다. 실천이 중요하다. 그러나 삼성전사를 사녀에게 물려주

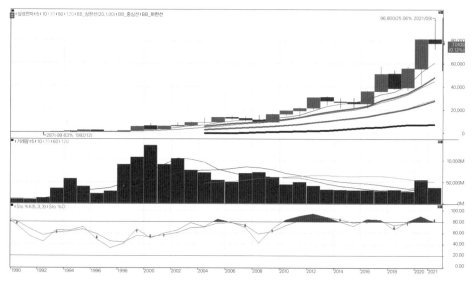

삼성전자 연봉차트

라고 절대적으로 추천하는 것은 아니다.

　주식을 처음 배우는 사람이라면 일단 그런 최고의 주식에 투자해 봐야 한다. 그리고 왜 투자하는지 알아야 하고, 아무 때라도 매수해서 가져가도 되는 이유가 무엇인지 알아야 한다. 이에 대해서는 뒤에서 좀 더 알아보자. 2018년 5월 250만 원 주식이 5만 원으로 액면분할되었다. 250만 원에는 비싸서 못 산 수많은 투자자들이 싸다고 삼성전자에 투자했었다. 그런데 이런 투자자들이 지금도 삼성전자를 보유하고 있을까?

　250만 원에 1주를 샀든지 5만 원에 50주를 샀든지 투자금액은 똑같이 250만 원이다. 시가총액도 298조 원으로 똑같다. 가치의 변화는 없다. 그러면 250만 원에 샀든 5만 원에 샀든 간에 그때 샀던 주식은 장기 투자자라면 지금도 들고 있어야 맞다. 손실 날 일이 없는 주식(평가손익은 발생되더라도 결국 기업이 장기 성장하여 주가도 장기적으로 올라간다는 것)이고, 그 당시 5만 원에 사서 3년 뒤 8만 원 정도 되었으니 60% 수익이다. 이 정도 수익은 은행에 40년 동안 예금한 것과 같은 수준이다.

장기 투자로 배당금 받으면서 노후 준비

배당금도 살펴보자. 2018년 말 기준 주당 보통주 배당금은 DPS 1,200원이었다. 그럼 매수가격이 5만 원이니까 배당수익률은 2.4%이다. 5만 원에 사서 4만 원 정도까지 내려가 있어도 배당금을 받고 있고 아직 손절하지 않았기 때문에 실제로 손실이 난 것은 아니다. 평가손일 뿐이다. 장기 투자해두고 배당금을 받으면 된다. 배당금은 다음해에도 계속 들어온다. 주가도 3년 뒤에 8만 원 정도 되었으니 매년 배당금을 감안해서 계산해보면 2021년도 8만 원 기준 3년 보유한 후 수익률은 투자금 대비 68.4% 수익일 것이다.

이런 투자 마인드로 30세(1991년 10월)에 직장에 들어가서 삼성전자를 급여의 10% 또는 10만 원어치 사서 지금까지 팔지 않았다면 30년 뒤 60세인 지금 어떻게 되어 있을까? 1991년부터 10년간 평균주가는 1,500원이었다. 1990년대 10년 동안 매월 10만 원어치 총 1,200만 원만 삼성전자 주식을 사서 지금까지 팔지 않고 은퇴까지 가져갔다면 30년 뒤(2021년) 지금 은퇴시점에 50배(1,500원→75,000원)인 6억 원이 되어 있는 것이다. 한 달에 10만 원으로 노후준비가 완성된 것이다. 이 얼마나 쉬운 은퇴 준비인가? 최근 10년간 사 모았다면 10년간 평균 주가는 3만 원대다. 그럼 급여의 10% 또는 30만 원어치를 사서 팔지 않았다면, 현재 가격(6만 원) 기준 7,200만 원이 된다. 한 달에 30만 원씩 120개월을 모아왔던 3,600만 원이 10년간 두 배 수익이 나서 7,200만 원이 되었으니, 앞으로 10년 뒤 삼성전자 주가가 3배 올라가 있으면 현재 7,200만 원이 2억 1,600만 원이 되는 것이다.

이처럼 주식은 복리투자이면서 인생 역전할 수 있는 수단이자 목돈 마련과 노후 대비책인 것이다. 그래서 실패 없는 1등주는 사기만 하고 팔지 않아야 한다. 얼마나 많이 사는 것이 중요한 것이다. 3년이 아니라 30년 전부터 보유했다면 수익률 수십 배는 기본인 종목이다. 결국 투자금 대비 연평균 몇 배는 수익이 난 것이다. 즉, 최초 투자금 대비 매년 몇 배의 수익이 난 것이다. 이 얼마나 대단한 수익률인가? 이것이 복리효과 끝판왕인 것이다.

왜 이런 현상이 나타날까? 경제적 해자 기업이자 끊임없는 혁신으로 시대를 선도하는 기업, 끊임없이 좋아지는 실적을 가진 삼성전자라는 단순한 사실에 기초한다. 1980년대부터 매출액이 837배가 뛰고 이익도 400배가 늘었다. 주가도 사상 최저가 대비 1,400배가 올랐다. 이렇게 되면 주가가 오르는 것은 당연한 것이다. 즉, 실적과 주가는 장기적으로 동행한다는 것은 영원불멸한 테마인 것을 주지해야 한다. 앞으로도 실적이 정체되었다가 다시 늘어나면 이 주식은 당연히 또 오를 수밖에 없다. 어려운 경영, 경제 환경이 닥치더라도 끊임없이 혁신해서 실적을 낼 것이다. 이런 믿음이 있는 기업이어야 장기 투자가 가능하다. 그래야 자식에게 물려줄 수 있는 주식이 되는 것이다. 믿을 수 없는 기업 주식을 사서 자식에게 준다는 마인드라면 절대 안 된다. 장기 투자 철학을 갖추면 삼성전자라는 주식은 아무 때나 사도 되고 끊임없이 사 모아야 하는 주식이란 걸 알게 된다. 수익은 당연히 따라오는 것이다.

10년 전 반타작, 이제 겨우 회복한 '현대차'

6년간 지속된 추세 하락

국내업종 대표주 중에 누군가가 현대차를 10년 전에 물려주었다면 수익은커녕 반타작 이상 났다가 이제 겨우 회복한 수준일 것이다. 필자는 2010년도 12월 호텔 강연회에서 2011년 경기 고점 예측 때문에 2011년 4월부터 매도전략하에 매도하라는 장기 전략을 제시했었다. 그리고 2011년 여름 이후 단기매매도 금지시키고 보유 금지시킨 대표적 종목이 기아차, 현대차였다. 필자는 2016년 봄부터 모든 방송이나 강연회 등 기회가 될 때마다 자동차 패러다임이 바뀌고 있으니 기존 자동차주를 사지 말고 팔아서 전기차 배터리 수혜주를 사서 모아야 한다고 했다. 지금도 변함없이 이 점을 강조하고 있다. 이처럼 경기나 산업전망을 올바로 맞출 수 있다면 고점 매도가 가능하다. 그런데 현대차를 10년 전에 사서 자식에게 물

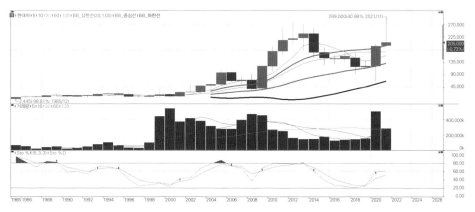

현대차 연봉차트

러주었다면 2021년도 시점기준 수익은 2배밖에 나오지 않는다. 향후 전기차가 잘 되지 않으면 또 내려갈 것이다.

수소차에만 매달린다면 노키아(애플 스마트폰 나오기 전 휴대폰 세계 1등 점유율)의 전철을 밟을 수도 있다. 노키아는 1등이라는 자부심으로 언제든지 스마트폰 선구자인 애플을 따라잡을 수 있다는 오만으로 새로운 패러다임의 변화에 대응하지 못했다. 따라서 스마트폰 시대에 뒤쳐지고 존재감 없는 기업이 되었다. 이런 종목은 자녀한테 물려주면 안 되는 대표적인 종목이다. 단기매매 주식인 것이다.

물론 현대차도 대시세가 나면서 잘 나갈 때도 있었다. 2008년 미국 금융위기 발생 때 미국에서 자동차 판매 급신장 영향으로 주가 탄력을 받아 몇 배 상승했다가 미국이 금융위기에서 벗어나고 기름값이 100달러대에서 30달러 정도까지 내려오자 현대차, 기아차의 점유율과 주가도 끊임없이 내려갔다. 금융위기 때에는 가성비 등을 우선적으로 따져서 자동차를 타기 시작했기 때문에 현대, 기아차 M/S가 2%에서 8%까지 4배 정도 오르니 주가 또한 기아차의 경우 10배나 오른 것이다. 현대차는 2~3만 원에서 27만 원으로 올랐다. 하지만 금융위기가 끝난 후 기름값이 하락하자 M/S는 8%에서 6%로 줄어들었다. 그렇게 되면 주가는 당연히 하락한다. 추세 하락은 6년간 진행되었다.

바뀌고 있는 자동차 패러다임

2020년 현대, 기아차의 중국 내 가동률은 45%밖에 안 되었다. 생산량은 2016년 전성기 때 114만 대에서 2017년 78만 대, 2019년 85만 대였다. 기아차도 적자가 심각했었다. 이러한 사실은 자동차 산업이 역성장하고 있다는 걸 나타내는 지표다. 물론 코로나19의 영향이었다 하더라도 코로나19 이전에도 자동차 산업은 역성장이었다. 우리보다 시장이 큰 중국의 자동차 산업 또한 역성장이었다. 따라서 이런 주식은 자녀에게 물려주면 안 되는 주식이다. 성장을 못하는 시대에 자동차가 어떻게 성장을 하겠는가?

더욱더 중요한 투자 포인트는 바로 자동차의 패러다임이 바뀌고 있다는 것이었다. 패러다임을 떠나서 지금 시대는 인구가 정체되고 있고, 오히려 줄고 있기 때문이다. 궁극적으로 경제성장이 5% 이

하로 고착화되어 가고 있는 상황이다. 이러한 경제환경은 사람들이 자동차를 빨리 교체하지 않고 있음을 말해준다. 잠깐 또는 몇 년간은 성장할 수 있지만 장기적으로는 성장이 불투명하다. 그래서 자녀에게 물려주어서는 안 되는 주식이다. 실적이 장기적으로 늘어날 근거가 약하기 때문이다. 한마디로 불투명하다.

향후 3년간 매출과 영업이익 증가율이 매년 15% 이상이라는 사항을 살펴보면 현대차의 영업이익은 2018년 전년대비 -47% 기록하는 등 수년 동안 실적이 하향하고 있다. 지속성장이 가능한 사업모델 보유 여부를 보면 내연차는 계속 줄고 전기차는 내연기관차를 대체하는 형태이기 때문에 지속적인 성장이 불투명하다. 현대차는 수소차 관련 세계 1등으로 올라서며 수소차를 주력 사업으로 키우고 있다. 수소차 전략은 잘하고 있는 편이다. 하지만 수소차는 성장 가능성은 있지만 대중화될지 안 될지 불확실한 상태다.

현대차는 신흥국에 수소차를 많이 팔기 위한 시도를 하고 있지만 우리나라에서도 쉽지 않은 수소차 충전소를 설치하는 일이 신흥국에서는 더 어려운 일이다. 50~100억씩 되는 비용을 부담하며 수소차 충전소를 지속적으로 설치해주는 것은 쉽지 않다. 더구나 도시가스가 매설되지 않는 지역이라면 먼저 그것을 매설한 후 충전소를 만들어야 하기 때문에 더 큰 비용이 들어간다. 탱크가 필요하고 이 탱크에 수소를 계속 충전해주어야 하기 때문에 가스에서 추출된 수소를 충전하는 방식은 어려울 수밖에 없다.

도시가스가 있어야 비용이 적게 든다는 뜻이다. 물에서 수소를 만드는 것은 비용 측면에서 거의 불가능한 일이다. 또한 부품 중 희소자원인 백금가격이 큰 비중을 차지하기 때문에 수소차의 가격이 5년 후 내연차의 가격과 같아지는 것은 어려운 일이다. 따라서 지속적인 성장모델이 될 수 없다. 하지만 현대차는 주력제품이나 사업의 시장지배력이 국내 TOP3 특징에 부합하고 한국에서 1등 자동차 기업이다. 향후 본업의 경쟁력 강화를 위한 전략과 능력보유 부분을 감안하면 괜찮다. 경영 투명성 확보를 위한 우선 경영의 전략 변화, 임직원의 평가 보상, 만족도가 높은 기업 면에서도 부합한다. 현재 주가 대비 기대수익률 연 30% 이상, 주가가 20만 원대에서 30만 원대까지는 갈 수 있다. 다만 장기간 연속적일지는 불투명하다. 자식에게 물려줄 종목의 특징에 충족하는 것이 대다수이지만 수익률 기준으로는 충족하지 못하므로 물려주면 안 된다.

경기가 더 이상 나빠지지 않는다고 가정하더라도 자동차 산업은 한 자릿수 정도 성장에 그칠 것으로 예측된다. 기억해야 할 중요한 사실은 기존 방식의 자동차 산업 장기 전망은 불투명하다는 것이다. 왜냐하면 자동차 패러다임이 본격적으로 전환되는 중이기 때문이다. 이런 변화에 발맞추어 현대차도 수소차 분야 1등까지 갔지만 수소차에만 매달리다가 전기차 분야에서 뒤쳐질 수 있다는 우려가 생긴다. 전기차, 수소차 병행 전략으로 가되 중요한 것은 전기차 중심으로 선도적인 전략을 실행해야 한다.

20년 전 반타작
20년 동안 바닥만 기는
'SK텔레콤'

90년대 말 이후 팔았어야 하는 주식

SK텔레콤 주식을 20년 전에 물려주었다면 수익은 2020년 저가 기준 반타작이다. 2000년 2월 507,000원까지 올랐다가 20년이 지난 후인 2021년도 기준 고점 대비 -50% 정도다. 2013년 연초부터 2015년까지 2년 동안 200% 수익이 났었다. 필자는 2013년 초쯤 증권방송에서 SK텔레콤은 배당 성향을 감안할 때 저성장, 저금리 시대에 안성맞춤인 주식이라 리딩하고 중기적으로 투자하게 했다. 매년 배당수익률이 3% 이상 나오는 주식이고 주가도 100% 오를 것이라고 전망했었다. 2013년 15만 원 정도일 때에도 이 주식은 두 배 이상 단기수익이 날 것으로 예상하고 매년 배당수익률이 3% 이상의 중기 매매할 주식으로 권장했으나 장기 투자하거나 자식에게 물려줄 주식은 아니라고 했있다.

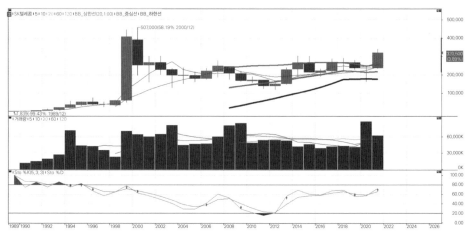

SK텔레콤 연봉차트

　　만약 다시 5G시대가 본격화되고 자율주행을 위한 데이터 소비
가 본격화될 경우에는 자동차에 인터넷 설치가 필수적이라 관련 수
혜주로 부각될 것이다. 이 경우 사상고점을 돌파하여 올라가겠지만
그전에는 최고점을 뚫기는 어렵다고 본다. 핵심 투자 포인트로 고
성장이 어렵고 저성장에 장기간 노출된 주식이기 때문이다.

과연 지속성장이 가능한 사업모델인가?

　　한마디로 통신시대는 오래 전에 지나갔다는 것이다. 과거 1980
년대에는 이동통신산업이 태동기였기에 그 당시 SK텔레콤은 이동
통신 고성장 1등 수혜주(실패 없는 1등주)였다. 그때부터 10~20년간

사서 모으기만 하다가 1990년대 말 통신산업 성숙기 때 주식을 팔고 다시는 쳐다보지 말았어야 했다. 물론 잠시 1~2년 정도는 투자(매매)해서 2배 정도의 수익은 올릴 수 있다 하더라도 이것은 고수의 영역이지 일반 투자자는 관심을 가지지 말아야 한다는 뜻이다. 이동통신 고성장 산업 관련 1등 수혜주로서 주가 고공행진은 1990년대 말까지였다. 이런 주식은 2000년대부터는 자녀에게 물려줄 주식이 아니라는 것이다.

사물인터넷은 4G로도 충분하다는 생각이다. 완전한 자율주행차로 활성화되고 5G 주파수로 무선충전을 할 수 있도록 활성화되면 모를까 지금으로선 자동차에 인터넷을 연결하지 않는다. 그런 시대가 도래할 것인지는 더 지나봐야 알 수 있을 듯하다. 4G보다 10배 빠른 것은 좋지만 5G시대를 빨리 열어도 수요가 그에 맞춰 충족되기 어렵다. 핸드폰을 보면 2G, 3G, 4G에서 5G로 넘어간다. 5G로 온라인 게임을 하더라도 대체 수요가 파격적인 수준은 아니다. 자녀에게 선물하고 싶은 주식의 특징 중 매출액 영업이익증가율 등의 조건과 지속 성장 여부의 조건에 부합하기 어렵다. 그렇다면 당연히 장기 투자 수익률도 보장되지 않을 것이다. 일시적으로 매출과 영업이익이 15% 이상 늘었다 하더라도 가장 중요한 것은 지속 성장이 가능한 사업모델이어야만 자녀에게 물려줄 주식이라는 것이다.

2008년 이후 지속 하락, 아직도 하락하는 '현대중공업'

현대중공업(현재 한국조선해양) 주가는 2008년 이후 지속적으로 하락했다. 고점대비 -70%까지 내려갔다. 2000년도 초에서 2007년 까지 7년간 55배 오른 상태로 고점에서 자녀한테 물려주었다면 어 땠을까? 자식에게 실패하는 주식 투자법을 물려준 것이다. 조선시 대였던 2008년도 영업이익률이 전년대비 50% 증가하면서 증설, 수주 모멘텀이 끝났었고 실적 고성장도 2010년도에 이미 끝났다. 시대가 끝난 주식을, 또는 끝나가는 주식을 자녀에게 물려주면 안 된다.

2000년경에 1만 원대 주식을 사서 가지고 있었다고 해도 2007 년 고점에 못 팔았더라도 2010년 초반까지는 고점에서 팔고 나왔어 야 한다. 이 주식도 SK텔레콤과 마찬가지로 똑같은 라이프 사이클 구조를 가지고 있었기 때문이다. 물론 이동통신산업 성장 사이클은

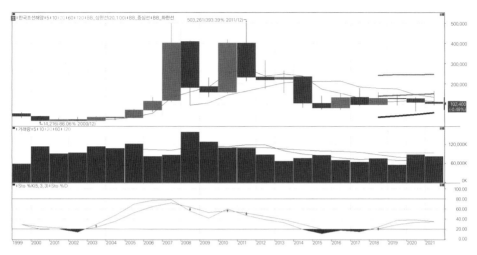

현대중공업(한국조선해양) 연봉차트

30년, 조선산업 성장 사이클은 중국 서부 대개발과 궤를 같이하기에 10년 사이클이었다.

2021년 10월 조선업 관련 주가 상승 재료로 "한국조선업계가 2021년 9월 중국에 내줬던 글로벌 선박수주 1위 자리를 탈환했다", "선박 주문이 몰리면서 배 가격을 흥정할 때 기준이 되는 신조선가 지수가 2009년 이후 12년 만에 최고치를 기록 중이다", "세계 발주량의 52%를 차지했다" 등 좋은 뉴스들이 흘러나오고 있다. 조선 산업 부흥기였던 2000년대 초반에 이런 뉴스가 나왔다면 주가 상승은 폭발적이었을 것이다. 그에 반해 지금은 어떤가? 주가 상승은 하루살이다. 왜 하루살이일까? 글로벌 경제 저성장 고착화 국면이 지속되고 있고 보호무역강화 등으로 원자재 소비는 구조적으로 늘지 않았기 때문이다. 그렇게 되면 물동량, 이동량도 적어지는 것이다. 즉, 장기 성장이 불투명하다는 것이다.

2015년 고점 이후 지속 하락 바닥이 어디일까? '아모레퍼시픽'

아모레퍼시픽도 2015년 7월 고점(455,500원) 이후 1년간 상하 10% 변동을 거친 후 지속적으로 하락하고 있다. 10년 전 자녀에게 물려주었다 하더라도 2배 내외의 수익 정도다. 2005년경에 주식을 사서 10년 동안 이 주식을 물려주었을 경우 10년 뒤인 2015년 기준으로 10배 수익은 나왔을 것이다. 물론 지금까지 보유하고 있었다면 5배 정도는 수익 중일 것이다. 중국의 사드(THAAD, 고고도 미사일 방어체계) 보복 우려가 본격화되고 중국 관광객의 급감으로 국내 면세점 매출이 줄어들었고 특히 화장품 매출이 줄었다는 것은 신문만 볼 줄 안다면 모두 다 알 수 있었다. 중국 관광객 국내 유입이 중장기적으로 감소된다는 것도 늦어도 2016년에는 누구나 다 알 수 있는 사실이었다.

그렇다면 2016년, 대표 화장품주인 중국인 매출이 큰 비중을 차

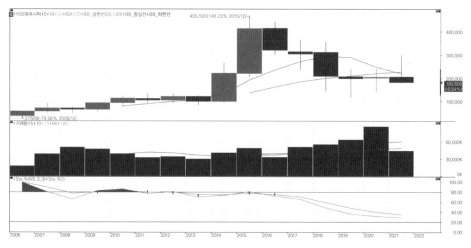

아모레퍼시픽 연봉차트

지하는 아모레퍼시픽 주식을 자식에게 물려주기 위해 보유 중이었
다면, 그 시점에 팔아야 하는 증거가 생긴 것이다. 그럼 그때 팔았
어도 매수가 대비 10배의 수익은 거두었을 것이다.

　미용, 화장품 국내 TOP3의 대표주식인 아모레퍼시픽의 최근 주
가시세의 흐름을 살펴보자. 2018년 5월(고가 350,000원)부터 2차 하
락이 본격화되기 시작하여 2019년 8월(저가 118,000원)에 4년 동안
의 장기 추세하락(455,500원→118,000원)을 마감한 것처럼 보인다. 그
이후 5개월 동안 100% 오르더니 또 10개월간 바닥권에 시세가 갇
혀 있었다. 2020년 11월(158,500원)부터 2021년 5월(300,000원)까지
는 거의 100% 올랐었다. 그 이후 또 바닥권까지 내려와서 머물고

있다.

코로나19 상황이 끝나고 다시 일상을 되찾게 되면 중국 관광객 등의 수요 폭발이 기대되면서 주가는 큰 폭 상승했다가 코로나19 상황이 생각보다 빨리 종식되지 않고 지속되니 주가가 다시 내려왔다고 이해하면 될 것이다. 그럼 코로나19가 물러가고 관광, 여행소비 등이 정상화되면 과거의 영광을 찾을 수 있을까? 필자는 "과거의 영광은 없다", "아직도 바닥이 어디인지 모른다"고 본다. 국내 화장품 기업들은 성장의 한계에 부딪힌 지 이미 오래다. 국내 소비층만으로는 한계가 있는 것이다. 중국 시장, 동남아 시장, 선진국 시장으로 영역 확대가 보장되어야만 하는데 상황이 여의치 않다.

그런데 현재 중국 화장품 시장도 소비가 둔화되고 경쟁이 심화되면서 마케팅 비용 부담이 증가되는 구조다. 이런 어려운 중국 시장 환경에서 국내 기업들이 경쟁우위를 가질 만한 특별한 경쟁력, 즉 브랜드 가치, 품질 가치, 희소성 가치를 가지고 있다고 자신할 수 있을까? 어렵다고 본다. 국내 화장품 기업에 경제적 해자는 없다. 중국의 화장품 기업들도 이제는 글로벌 수준으로 올라와 버렸다. 즉, 2015년 전까지 시세 폭발 모멘텀이 이제는 약화되었고 그 원천이 사라져 버렸다고 해도 과언이 아니다. 그렇다면 미래 주가는 당연히 지지부진할 수밖에 없다. 한마디로 화장품 시대는 끝났다.

10년 전 반타작, 3년 전 본전
땅 파고 건물 짓는 시대 끝났다
'현대건설'

현대건설을 10년 전에 자식에게 물려주었다면 지금은 반타작이다. 3년 전에 물려줬더라도 본전이다. 10년 전, 7년 전, 3년 전 아무 때나 사서 물려주었더라도, 즉 저점에 샀더라도 고점까지 50% 내외의 수익률밖에 안 된다. 현대건설이 건설업종 대표주이자 1등이라는 이유로 물려주었다는 것은 공부를 전혀 안 한 것이다. 주식의 기본 생리(주가=실적)를 무시한 것이다. 경기에 민감한 종목이어서 성장하지 못하면 단기매매해야 하는 종목이다. 이 종목의 주가는 1994년부터 시작해서 끝없이 하락하다가 정체되고 또 하락했다. 단타하고 손절해야 하는 주식인 것이다.

현대건설의 주가는 1985년 45만 원대부터 1994년 3,140,767원까지 10년간 7배 올랐다. 그 이후 우리나라의 경제 몰락과 궤를 같이하여 2004년까지 10년간 5,896원까지 폭락을 거듭했다. 그런 후

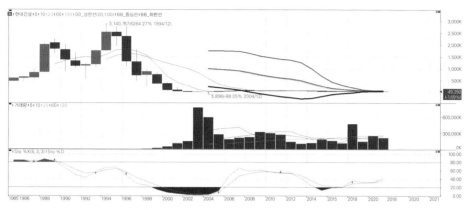

현대건설 연봉차트

경기가 살아나고 글로벌 경제도 확장세가 연출되면서 10만 원에서 20만 원까지 두 배 정도 오른 후 지금까지 14년간 회복을 못하고 있다. 왜 이렇게 부진이 심한 주식이 된 것일까? 건설주의 펀더멘털(기초체력)은 경제여건, 경기이기 때문이다. 경제 불황이 지속되면 건설주 실적 부진은 당연한 것이고 경기는 직격탄을 맞기 때문이다. 경제가 고도성장하면서 도시건설 붐이 마무리된 지 오래다. 이제는 중국, 동남아에서조차 도시건설, 즉 땅 파고 집 짓고 건물 짓는 시대가 아니라는 것이다.

건설주(기계, 조선, 철강)를 대하는 가장 좋고 가장 안전한 투자법은 그 근처로 가지도 않는 것이다. 단기매매, 단타매매조차 하면 안 된다는 뜻이다. 초보투자자는 물론이거니와 고수투자자들도 단기투자, 단타 매매를 하지 말아야 하는 주식인 것이다. 수영을 못하는 사람이라면 행락철에 바닷가, 물가 근처에 가지 않고 공원이나 산에서만 놀면 물에 빠져 죽을 염려는 없다. 그런데 너나 나나 할 것 없이 여름이 왔으니 들, 공원, 산보다는 시원한 바닷바람이나 쐬자며 가족, 친구들과 바다로 가게 된다. 물가, 바닷가에 왔으니 발 담그고, 물장구 치면서 놀게 되고 어떤 사람은 먼 바다로 수영도 한다. 수영을 못하는 사람도 분위기에 휩싸여 위험에 빠지기 십상이다. 그러다가 익사사고를 당하는 사람도 있듯이 주식 투자도 마찬가지다. 수영도 못하면 물가, 바닷가 근처로 가지 말아야 한다. 익사위험을 원천적으로 차단하는 가장 확실한 방법이다. 즉, 물에 빠져 죽지 않기 위한 가장 안전한 방법인 것이다.

이런 투자 마인드가 내 투자금을 안전하게 지키는 것이면서 돈을 버는 비법인 것이다. 그래야 구조적으로 장기적으로 실적이 성장하는 주식을 매매하고 투자하는 습관을 가지게 되는 것이다. 구조적으로 장기적으로 고성장하는 주식은 아무 때나 투자(매매)해도 손해 보지 않는다. 왜 그런가? 실적이 장기적으로 사상고점을 지속적으로 경신하기 때문에 주가도 언젠가는 당연히 사상고점을 돌파한다는 믿음, 신념이 있기 때문이다. 물론 사자마자 평가손이 날 수도 있을 테지만 이럴 때는 장기간 보유하다가 이익이 발생되면 그때 팔면 되는 것이다.

3년 전 저가 대비 2배 오른 게 전부 'KB금융'

KB금융은 우리나라 1등 은행주로 자본금도 크고 이익이 꾸준하면서도 상당히 많이 발생되는 기업이다. 10년 전에 물려주었다면 결과는 본전이다. 만일 최저점인 3년 전에 물려줬더라도 2배 정도 수익이 전부다. 2배 수익을 내기 위해 자식에게 물려주려 한다면 아예 하지 않는 것이 좋다. 본인 수익을 위해 그냥 단타 치고 나오는 것이 정답이다. 업종대표주라거나 이익이 꾸준히 나온다고 해서 그냥 생각 없이 물려주면 안 된다. 이렇게 보면 수년간 이익을 잘 내는 업종대표주라고 해도 10년 이상 보유할 만한 주식을 찾는 것은 어려운 일이다.

KB금융 시세를 한번 살펴보자. 2008년부터 2021년까지 14년 동안 연간 가장 많이 올랐을 때가 2009년 고가기준 94.6%(2008년 종가대비), 2017년 고가기준 49.53%(2016년 종기대비)였다. 14년 동

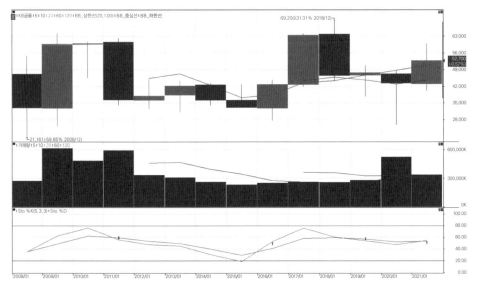

KB금융 연봉차트

안 고작 두 번 그것도 이 정도밖에 안 올랐다. 나머지 12년은 하락하거나 지지부진한 시세가 연출되었다. 주식 투자자 입장에서 KB금융 등 은행주는 안전하고 배당투자 목적으로는 좋았다고 생각했을 수도 있다. 망하지 않는 기업에다가 배당수익도 안정적으로 꾸준히 나오니 좋고 배당 수익률이 매년 4% 이상으로 은행이자의 몇 배는 거두니 좋은 주식이라 여기고 장기 투자하기도 한다. 물론 이렇게 보면 좋은 투자 상품이 확실하다. 망할 염려 없이 꼬박꼬박 수익형 부동산의 임대수익만큼 배당소득을 가져다주니 말이다.

하지만 기업가치 지표를 보면 EPS(주당순이익)에는 큰 변화가 없

KB금융 기업가치 지표

(단위: 원, 배)

구분	2017	2018	2019	2020
EPS(주당순이익)	7,920	7,321	7,923	8,309
DPS(주당배당금)	1,920	1,920	2,210	1,770
평균주가	53,000	56,700	44,275	37,275

다. 즉, 이익이 매년 안정적으로 나오지만 이익 성장이 안 된다는 것을 알 수 있다. 그리고 주당배당금도 2,000원 내외다. 14년간 평균 주가는 4만 7,000원 정도로 위 아래로 1만 5,000원의 편차를 보인다. 그렇다면 4만 원에 주식을 담았다면 배당수익률은 거의 5%다. 최저가 수준인 3만 원에 샀다면 6% 정도다. 안정적인 수입이 보장되는 주식이다. 건물을 사서 임대를 주었을 때 수입과 비슷하거나 오히려 많다. 건물주가 받는 월세가 연간 5%라면 부동산 투자보다 주식배당수익이 더 많고 건물 관리 등에 신경 쓸 필요 없으니 부동산 투자보다 편하게 돈 버는 방법이다. 게다가 부동산 투자의 경우 각종 세금과 임대 공실 등 중개수수료 등을 피할 수 없으니 그것까지 감안하면 더 이득이다.

그런데 여기서 일반 투자자들이 범하는 큰 오류가 있는데 무엇일까? 바로 '우물 안 개구리식 투자'의 오류를 범한다는 것이다. 우물 안 개구리는 태어나고 자란 우물 안이 세계의 모든 것이라는 생각에 갇혀서 우물을 벗어나면 위험하고 심하면 죽을 수 있다는 두려움 때문에 우물 안에서 생을 마감한다. 하지만 개구리가 위험하다는 사실은 우물 인이나 밖이나 마찬가지다. 전적인 뱀은 우물 안이나 밖이나 어디든 들어갈 수 있다.

금융주의 경우 매년 배당금이라는 안정적인 수익은 가능하겠지만 근본적으로 경기가 나빠지고 기업이나 개인이 파산하면 은행도 파산할 수 있는 것이다. 1998년 IMF, 2008년 금융위기 때 우리나라에도 은행이 망한 사례가 많다. 즉, 안정적일 거라고 믿게 되는 은행주도 위험 부담이 있는 주식 투자인 것이다. 계란을 한 바구니에 담든지 여러 바구니에 나눠 담든지 계란을 든 사람이 넘어지면 그냥 다 깨진다. 이것이 주식 투자의 기본 생리다. 그래서 생각과 발상의 전환이 필요하고, 투자에 대한 마인드를 바꿔야 한다. 즉, 배당수익 몇 %를 추구하기보다는 인생역전을 위해 장기적인 대시세 주식이나 끊임없이 경쟁력을 가지고 실적을 낼 수 있는 실패 없는 1등주에 투자해야만 한다. 그래야 주식 투자의 한계를 근본적으로 극복할 수 있다.

10년 전 본전, 20년 전 10배, 30년 전 100배 '농심'

'농심'하면 신라면이 대표상품이다. 10년 전에 물려주었다면 본전 상태다. 물론 20년 전에는 10배, 30년 전에는 100배 수익이다. 30년 전 50세(은퇴)에 자식에게 물려주었거나 상속했다면 100배 될 주식을 물려준 것이 된다. 30년 전 취직해서 이 주식을 사서 보유했다면 현재 은퇴를 앞두고 노후자금으로 활용할 수 있을 것이다. 취직 후 급여의 10%씩 매달 이 주식을 3년간 사 모았다면 어땠을까?

그럼 투자원금 360만 원(30년 전 월급 100만 원의 10%인 10만 원을 3년간(36개월) 매수한 주식 투자 원금)이 현재 30년 전 대비 주가가 평균 20배 올라왔다. 그러면 취직 후 3년간만 월급의 10%씩만 주식에 투자했다면 투자 원금 360만 원이 현재(2021년 말) 7,200만 원이 되어 있을 것이다. 사상고점(2016년 540,000원)에 팔았다면 1억 4,400만 원이 되어 있을 것이다. 결코 적은 돈이 아니라는 것이다. 월급

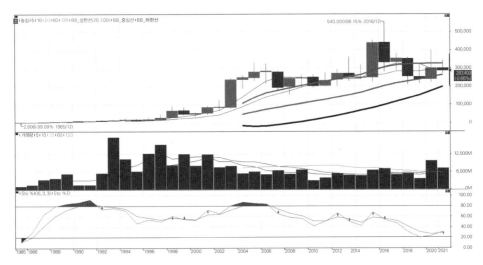

농심 연봉차트

에서 10%가 없다고 생각하고 3년만 이 주식을 사두고 잊어버렸다
면 지금 큰돈이다.

　기존에 있던 사업이면서 새로운 사업이나 신성장 산업이 아닌 것
으로 기본 100배 수익을 내기는 어렵다. 성장을 못하는 저성장 고
착화 시대에 살고 있기 때문이다. 소비가 크게 지속적으로 늘지 않
기 때문에 기존 사업으로는 100배 수익까지 갈 수 없다는 시사점을
주고 있다.

　건설주, 화장품주, 조선주, 자동차주, 식품주 등이 모두 기존 사
업으로 소비가 줄어들면 피해업종이 될 수밖에 없다. 식품 고성장
세가 멈춘 이후지만 주가가 오른 것은 국내를 넘어 중국, 동남아 등

으로 바운더리를 넓혔기 때문이다. 농심의 경우 중국에 진출하면서 실적과 주가가 크게 올라갔지만 중국쪽 재료가 소진된 이후에는 상황이 달라졌다. 강력한 경쟁자인 삼양이 출현하는 등 독과점 경쟁력을 잃어갔다. 또한 젊은 층 인구가 줄면서 라면 소비층도 줄어든다. 따라서 앞으로 농심 제품 매출이 지속적으로 증가한다는 보장이 없다. 식품주는 인구 감소, 고령화 등의 변화에 민감하다. 구조적 성장이 불투명하다는 말이다.

2015년부터 하락세 지속
빵도 덜 먹는다
'SPC삼립'

SPC삼립을 보면 2016년까지는 매출이 늘고 성장했다. 하지만 그 이후에는 매출이 늘지 않았다. 2017년 이후부터는 매출은 늘어도 이익이 정체되기 시작했다. 그만큼 경쟁이 심해졌거나 체인점 확대가 완료되었다는 것이다.

SPC삼립 실적 데이터

투자 지표	단위	2016	2017	2018	2019	2020F
매출액	십억 원	1,870	2,066	2,220	2,499	2,543
영업이익	십억 원	66	55	60	47	51
EPS	원	5,737	4,424	4,883	2,341	1,444
증감률	%	31.8	-22.9	10.3	-52.1	-38.3

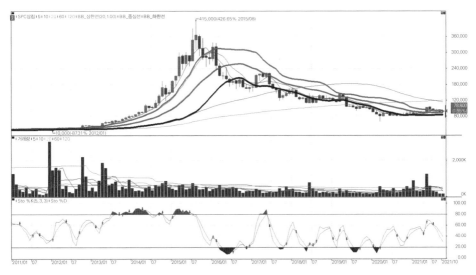

SPC삼립 연봉 차트

우리나라 대표적인 제빵기업인 파리바게트의 주가는 2015년부터 끝없이 하락 중이다. 2012년에는 파리바게트 제빵 브랜드가 성공하면서 8,000원에서 거의 50배 정도 올랐다. 소형주에서 대시세가 탄생하는 과정은 파리바게트의 명성이 높아지면서 시작되었다. 어린아이부터 시작해서 모든 국민들이 빵 하면 파리바게트로 인식하게 되었다. 많은 사람이 그 맛에 적응하여 그 맛이 보편화되다 보니 모든 종류의 빵맛 기준이 파리바게트가 되어버린 셈이다. 물론 빵으로 식사가 가능하다는 인식의 전환이 가장 큰 이유였다. 따라서 파리바게트의 점유율이 빠른 속도로 엄청나게 늘어났다.

하지만 이제 그런 성장 시대기 끝났다. 더 이상 지점을 확대할 곳이 없다. 인구도 줄고 새로운 도시가 만들어지지 않는다. 결국 사업성도 떨어진다. 주가는 계속 하락한다. 다른 식품주의 라이프 사이클도 마찬가지다. 앞에서 인구 구조와 산업에 대한 공부를 했다면 이해가 될 것이다. 아무튼 30년 전이라면, 또 취업을 하자마자 매달 10만 원이라도 저축하듯이 주식 투자를 하기 좋은 주식으로 분명 식품주를 찾았을 것이다. 그 당시 소비 시대의 대표적인 고성장 주식은 식품주였기 때문이다. 그런 고성장 주식을 찾을 능력이 없는 투자자라 해도 그 당시 장기 투자에 일가견이 있는 전문가의 의견을 따라 10년 이상 들고 갈 주식을 고른다는 마인드만 있었다면 당연히 누구나 이런 식품주를 샀을 것이다.

그렇게 투자했다면 투자 수익이 1억 원 이상 되었을 때 전부 이익을 실현해서 성년이 된 자식(은퇴 시점이니 그 자식은 30세 내의 결혼 적령기)에게 서울 강북의 아파트 정도는 대출을 끼고 사줄 수 있었을 것이다. 그랬다면 그 자식은 30대에 서울 아파트 실소유주가 되어 인생의 3대 행복 조건을 충족하며 잘 살고 있을 것이다.

"모든 길은 로마로 통한다"라는 말이 있다. 길도 그렇듯이 주가는 결국 기업의 실적에 귀결된다는 것을 늘 인식하고 있어야 한다. 그래야 고성장하는 기업을 고를 수 있다. 그리고 그 기업의 주식을 끊임없이 사 두면서 시세의 등락에 흔들리지 않고 진정성 있게 보유하면 된다. 그러면 투자 목적은 저절로 이루어지는 것이다. 결코 돈 버는 게 어렵지 않다.

10년 전 100배, 5년 전 10배
지금도 사야 하나?
'셀트리온'

10년 전에 물려주었다면 100배 수익 발생

셀트리온의 경우 10년 전에 물려주었다면 100배 수익 발생이고, 5년 전에 물려주었다면 10배 정도의 수익이 발생한다. 만약 지금 물려준다면 어떻게 될까? 20만 원에 물려주고 이 주식이 10배 수익까지 가려면 200만 원까지 올라야 하는데 과연 그게 가능한 일일까? 물론 이 산업이 계속 성장한다면 가능하다.

물론 더 지켜봐야 정확히 알 수 있겠지만 필자라면 20만 원대에 자녀에게 이 주식을 물려줄 생각이 별로 없다. 올라봐야 100만 원 정도를 기대할 수 있다. 100만 원이면 5배 정도일 뿐이다. 필자는 2008~2010년 당시 셀트리온의 주가가 3,000원대였을 때 당연히 3만 원대까지 10배는 올라갈 것이고 바이오시밀러 시대가 도래하면 10만 원내까지는 오를 것이라 전망했었다. 이렇게 30배 수익이

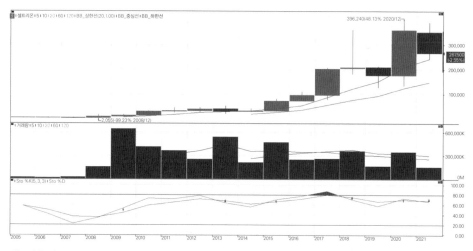

셀트리온 연봉차트

날 거라는 필자의 말을 믿지 못하는 투자자들이 많았다. 하지만 실제 그보다 몇 배 더 올라가버렸다.

시대 흐름을 보고 3,000원대에서 30배인 10만 원대까지는 충분히 오르리라고 예측했던 필자도 100배인 30만 원대까지 오를 것으로 예측하지는 못했다. 셀트리온이 엄청나게 성장하는 고성장 산업(고령화 시대의 1등 수혜산업) 1등주인 바이오시밀러(복제약)라는 것을 고려하지 못한 것이다. 2017년 셀트리온의 영업이익률은 55%로 5,220억 원 나왔다. 2017년 9월부터 단 5개월 만에 주가는 4배로 대폭발했다. 2013년에 2~3만 원대에서 4년 만에 10만 원 내외로 3배가 오른 후 18개월간 정체기를 거친 후의 결과였다. 대시세주의 주가 사이클은 늘 비슷하다. 왜 그럴까? 인간의 투자 심리(돈에 대한 본능)는 지금이나 100년 전이나 비슷하기 때문이다.

새로운 산업이면서 고성장의 직접적 수혜주

2008년 셀트리온이 바이오시밀러 사업을 본격화하면서 시세가 오르기 시작했다. 3,000원 내외일 때부터 10배인 3만 원은 기본이고 그 이후 고성장이 확인된다면 이 주식은 10만 원대 상승이 가능할 거라 예측할 수 있다. 따라서 3만 원대였을 때는 기본적으로 10만 원은 될 것이라 예측했었다. 또 10만 원대 내외에 머물었을 때는 18만 원대 이상 무조건 오른다고 증권방송을 통해 필자는 여러 번 언급했다. 바이오시밀러는 그만큼 고성장 산업이고 새로운 산업이다. 그래서 저가 대비 100배가 오를 수 있는 것이다. 새로운 산업이면서 고성장의 직접적 수혜주이기 때문에 가능한 것이다. 즉, 실패 없는 1등주라서 그렇다.

이렇게 셀트리온의 경우가 100배 오르는 주식이다. 그렇지 않고서는 저가 대비 100배의 시세가 나는 것은 쉬운 일이 아니다. 바닥 대비 100배 오르는 주식은 새로운 산업에서 시작했을 때만 가능하다. 3,000원대부터 시작했으니 30만 원대까지 100배가 된다는 개념을 가지고 2010년대부터 지속적으로 사 모아서 자식에게 물려주 있어야 했다.

그 당시 우리나라에서 바이오시밀러는 새로운 산업이었다. 물론 독일과 미국에도 세계적인 바이오시밀러 기업이 있다. 하지만 대규모로 시작해서 1등 바이오시밀러 기업으로 가는 경우는 우리나라 셀트리온이 처음이다. 창업주인 서정진 회장은 처음부터 그런 목표로 창업을 하고 끊임없는 혁신으로 새로운 시대에 부응하며 셀트리온을 성공시켰다. 처음에는 우리나라에서 바이오시밀러 산업이 성공할 것이라 생각한 사람들은 많지 않았다. 바이오시밀러 산업이 고성장한다고 생각했었어도 과연 셀트리온이 해낼 수 있을까 싶었는데 결국 해낸 것이다.

서정진 회장의 목표, 전략, 능력, 진정성을 알아채고 믿었던 투자자들 중 사기만 하고 팔지 않았던 이들만 몇 배, 몇십 배, 100배 수익을 거머쥔 셈이다. 바이오시밀러라는 새로운 산업, 마진도 높고 고성장하는 산업을 영리하게 예측한 결과였다. 이렇게 한 기업을 이끄는 수장의 의지를 믿고 이런 예측을 하는 혜안을 갖는 것이 쉬운 일은 아니다. 주식 전문가들도 하기 어려운 예측을 일반 투자자들에게 기대하는 것은 물론 맞지 않다. 하지만 그렇다고 고성장 기업을 찾는 노력을 포기하고 단기 매매만 일삼다가 그럭저럭 주식 인생을 마감해야 한다는 것인가? 아니다. 쉽고 확실한 방법이 있다. 그 분야에서 최고의 전문가를 찾으면 된다. 일단 신뢰할 만한 전문가를 찾았다면 무조건 그 투자실행을 꼼꼼하게 따르면 된다. 이 정도의 수고와 비용도 지불하고 싶지 않다면 투자자 본인이

셀트리온 실적 데이터

투자지표	단위	2016	2017	2018	2019	2020F
매출액	십억 원	733	949	982	1,129	1,849
영업이익	십억 원	155	508	339	378	712
순이익	십억 원	97	383	262	398	511
EPS	원	n/a	2,000	2,049	2,168	3,717
증감률	%	n/a	114.4	31.7	13.3	71.4

직접 심도 있는 다양한 공부를 섭렵한 후 실행해야 한다. 둘 중 하나를 선택하면 주식 투자로 고수익을 내는 것이 결코 어렵지만은 않다.

BEP 도달 후에는 무조건 많이 남는 사업구조

바이오시밀러 기업의 이익구조는 메모리반도체처럼 박리다매 구조다. 즉, 고도의 공정시설에서 대량으로 찍어내어 BEP 도달 후에는 많이 남는 사업구조다. 셀트리온 영업이익률은 2017년 55%, 그 다음부터는 39%로 지속되었다. 만일 1조 원의 매출을 냈다면 거의 4,000억 원이 남는 구조다. 수치를 보면 엄청난 고성장 산업이다. 매출액 증가율도 2017년 전년동기대비 +29%, 2020년 전년동기대비 +64%로 매출액은 꾸준히 늘고 있다. 처음에는 공장을 짓고 생산해보고 공급처도 확보하는 등 시행착오를 겪어야 했기에 이익이 크게 나오지 않았다. 그러다 시설을 공격적으로 증설하게 되면 결국 매출이 크게 늘어나게 된다. 투자자들이 그 당시 조금만 노력했다면 이 회사의 예상실적이 얼마나 될지 예측할 수 있는 수치는 충분했다. 시설증설을 감안하면 장기적으로 10배 매출이 나올 것을 짐작할 수 있다.

그런데 보통은 이런 상황을 주식과 연계하지 못해서 그냥 사고 팔고 반복하는 것이다. 많은 사람들이 10만 원대에서도 장기적으로 보면 좋다고 하는데도 실제 주식을 보유하고 있지 않았던 것이다. 2014년이라면 누구나 다 바이오시밀러 1등 기업을 알 수 있었던 시기였다. 필자가 바이오시밀러 시장이 커지고 있고 향후 10만 원, 20만 원 목표치를 얘기하고 다녔을 2013년은 2,000원대 셀트리온 주식이 20배 정도 오른 상태였다. 그래서 성장은 의심하지 않았지만 너무 많이 올랐다는 생각에 단기매매에 치우친 사람들이 많았던 것이다. 즉, 5만 원대에서도 장기적으로 더 오를 수 있는 여지가 충분한데 실적이 실망스럽다거나 주가가 이미 많이 올랐다고 생각한 대부분의 투자자들이 단기매매로 매도한 경우가 많았던 것이다. 자녀에게 물려줄 주식으로 판단했다면 사기만 하고 절대 팔지 않고 물려주었을 것이다. 셀트리온은 단연 자식에게 물려줄 주식 중 대표적으로 성공할 주식이었다.

다시 한 번 정리하자면 1989년도 당시에는 증권사 직원들이 최고의 신랑감이라 할 정도였고 그중 최고의 기업은 삼성증권이었다. 우리나라의 증권업은 1980년 코스피 지수 100에서 시작되었다. 1980년대 10년간 주식시장이라는 고성장 산업이 탄생된 것이다. 따라서 1980년대 초반부터 증권주를 사서 모았다면 주가도 10배 이상 오른 셈이다. 그 당시 100에서 시작한 종합주가지수는 현재 3,000으로 30배 오른 상황이다.

KB금융은 IMF 때 은행업을 리셋했기 때문에 그 이후 고성장이 본격화되었다. 현대건설은 1980년대와 1990년대 초반까지 고성장했다. 아모레퍼시픽 주가가 올랐을 때는 우리나라와 가까운 중국의 경제발전 및 경제활성화 정책이 본격화되면서 도시 건설, 생활수준의 향상 등으로 피부나 미용산업, 식품산업이 고성장한 시대였다. 중국 서부 대개발 초기부터 관련 수혜주를 사서 자녀에게 물려주었다면 어떤 중국 수혜주로도 10배의 수익은 당연히 냈을 것이고 그중에서 실패 없는 1등주라면 100배 수익은 기본이었을 것이다. 하지만 지금은 아니다.

배를 많이 만들어 팔아 이윤을 남기던 조선업 시대는 2010년 이후 성장이 끝났다. 그래서 그 이후에는 조선 관련주도 자녀에게 물려주면 안 되는 종목이 되었다. 1988년 신세계통신을 인수하여 이동통신 사업을 시작해서 대한민국 1등 통신사가 된 SK텔레콤도 1980년대 초반부터 수백 배나 성장했지만 지금 그런 성장은 끝난 것이다.

항상 산업 초기나 기업의 역사적 변화로 강력한 수혜가 있을 때에 대시세, 즉 주가가 폭발적으로 올랐다는 것을 기억하는 것이 중요하다. 이런 현상은 늘 반복된다. 왜? 100년 전이나 지금이나 투자자들의 투자 심리는 같기 때문이다. 늘 이런 부분을 충족하는 기업을 찾아서 그 주식을 사서 모아 두면 된다. 내 주식계좌에 모아두든지 자식계좌에 모아두든지 일단 사서 모아야 한다. 자식 계좌에 단지 몇 십만 원, 몇 백만 원밖에 없더라도 무조건 이런 주식을 사서 팔지만 않으면 된다. 그러면서 실전 주식 투자를 배워 가면 된다.

자식에게는 10배 수익이 가능한 주식을 찾아서 물려주는 것이 중요하다. 10배 수익도 안 되는 주식은 물려주면 안 된다. 그래서 아주 쌀 때 사야 한다는 것이 핵심 포인트다. 개인들의 대표적인 매매형태는 고점으로 올라간 이후 내려온 주식을 사는 형태다. 이렇게 고점에서 물린 주식이라면 이미 시세가 끝난 주식인 것이다. 그런 주식을 굳이 자식에게 물려줄 것인가? 언제 물려줄지를 잘 판단해야 한다.

조선업 시대의 대표 수혜주인 현대중공업도 마찬가지다. 조선업 시대가 막 시작될 때 아니면 시세가 본격화될 때 사서 물려줘야 한다. 5만 원대에 물려줘도 10배가 된다. 1만 원대면 50배다. 그래서 시점이 중요하다. 여기서 시점이란 뜻은 시세의 매매 타이밍을 말하는 것이 아니라 시대 흐름의(산업성장) 초창기 시점을 말하는 것이다. 훌륭한 부모는 장기적인 전략하에 세부적인 전술을 구사하여 좋은 시점에 주식을 유산으로 물려준다. 자식에게 물려줄 생각으로 주식을 단 1만 원이라도 사서 모아간다면 자식을 돈에서 해방시킬 뿐만 아니라 본인도 이 세상을 떠나기 전에 거액 자산가가 되어 있을 것이다. 긴 호흡으로 시대 흐름을 읽고 미리 미리 투자를 해야 한다고 꼭 강조하고 싶다.

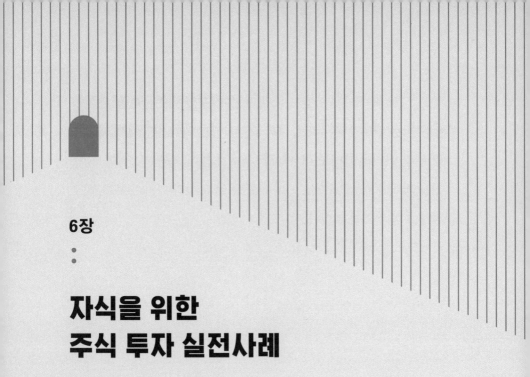

6장

:

자식을 위한
주식 투자 실전사례

자식에게 물려줄 주식은 이거다!

자식에게 물려줄 주식 중 대표적인 주식은 뭘까? 자식에게 물려줄 주식의 3대 비법에 부합되는 주식은 뭘까? 유일하게 찾은 대표적인 주식이 삼성SDI다. 2019년 2월 '자식에게 물려줄 주식의 모든 것' 아카데미에서 공개된 유일한 종목이자 단 하나의 종목이었다. 거의 3년이 지난 현재(2021년 말)에도 자녀에게 물려줄 유망한 주식은 단연 삼성SDI다. 필자가 지금까지 자식에게 물려줄 주식, 집 팔아서 사야 할 주식이라고 강조한 장기 투자 주식은 다음과 같다. 1994년부터 지금까지 삼성전자는 변함없이 자식에게 물려주어도 된다고 강조했다. 2008년에는 하이닉스(6,000원대부터 1만 원대), 셀트리온(3,000원대부터), 2010년 DB하이텍(6,000~7,000원대), 2012년 에이치엘비(1,870원 내외), 2013년 봄 아프리카TV(6,000원대부터), 2014년 컴투스(2만 원), 2015년 엔씨소프트(19만 원), 2016년부터 미

투자 전문가들이 자녀에게 선물하고 싶은 종목들의 특징

- 향후 3년간 매출과 영업이익 증가율이 매년 15% 이상
- 지속 성장이 가능한 사업 모델을 보유
- 주력 제품이나 사업의 시장 지배력이 국내 TOP3
- 향후 본업의 경쟁력 강화를 위한 전략과 능력 보유
- 경영 투명성 확보를 위한 우선 경영의 전략 변화 가능
- 임직원의 평가 보상과 만족도가 높은 기업
- 현 주가 대비 기대 수익률 연 30% 이상

국 주식은 (전기차 배터리 주식인) 테슬라, 엔비디아였다. 물론 삼성전자는 1등주니까 어느 때라도 사서 자녀한테 물려줄 수 있지만 삼성전자를 자녀에게 물려줄 주식으로 지금은 굳이 살 필요가 없다. 삼성전자 주식을 사는 효과는 삼성SDI에 다 포함되어 있기 때문이다. 왜 그럴까? 먼저 일반적인 투자 전문가들이 말하는 그 기준으로 살펴보자.

자식에게 물려줄 주식의 특징 중 첫째 '향후 3년 동안 매출과 영업이익 증가율이 연 15% 이상' 되어야 하는 조건을 볼 때 삼성SDI는 실적이 폭발하고 있어 충족하고도 남는다. 삼성SDI는 3년 동

안 이익이 크게 증가하고 매출도 크게 늘었다. 앞으로도 실적 성장은 그 이상일 것이다. 또한 두 번째 특징 '지속성장이 가능한 사업모델 보유' 조건은 배터리 대형 2차 전지 산업이 있기 때문에 충족된다. 세 번째 특징 '주력제품이나 사업의 시장 지배력이 국내 TOP3' 조건에도 당연히 해당된다. 네 번째 특징 '본업의 경쟁력 강화를 위한 전략과 능력보유' 조건도 삼성그룹이니 충분하다. 다섯째와 여섯째 특징인 '경영 투명성 확보를 위한 우선 경영의 전략 변화 가능'과 '임직원의 평가보상과 만족도가 높은 기업' 조건에도 따질 필요 없이 부합하는 종목이다. 마지막 특징인 '현 주가 대비 기대수익률 연 30% 이상' 조건 또한 2019년 2월 기준 25만 원대에서 35만 원대만 올라도 40% 수익이니 부합된다. 2019년보다 4배가 오른 현재도 모든 조건에 부합할까? 향후 10년간 10배 전망이니 충족한다. 삼성SDI는 위의 모든 조건 7가지를 100% 충족하고도 남는다. 현재 시점(2021년 말)에도 변함없이 충분하다.

이 책에서는 우리나라 주식만 다룬다. 국내기업 말고 외국기업 중에서 자식에게 물려주고 싶은 주식을 선택한다면 지금은 테슬라가 아니라 엔비디아를 선택해야 한다. 엔비디아 주가도 수년 동안 많이 올라서 고평가 상태다. 그렇지만 10년이라는 투자 기간을 감안하면 이상의 모든 조건에 충족한다. 결국 엔비디아는 세계 1등 국가인 미국의 1등 반도체 주식, 그리고 디지털 시대, AI, 메타버스 시대 1등 수혜주이기에 돈이 생기면 사기만 해야 하는 실패 없는 1등주이자 자식에게 물려줄 주식인 것이다. 자식에게 물려줄 주식 삼성SDI에 대한 기업분석을 해보면 다음과 같다.

왜 삼성SDI인가?

삼성SDI 순수 전기차(EV) 배터리 매출액과 영업이익률 전망을 보면 2017년에 약 1조 원, 2018년에 1조 5,000원, 2019년에 2조 5,000억 원, 2020년에 4조 5,000억 원으로 시작하여 연평균 30% 내외 외형성장이 전망된다. 미래에셋 증권사 리서치센터 최근 자료를 살펴보자. 타 증권사 리서치센터의 전망도 이와 유사하다. 물론 증권사 기업분석 보고서의 전망치가 정확히 맞지 않을 수도 있다. 하지만 큰 흐름을 보게 되면 2025년까지 EV매출액 급성장세는 분명해 보인다. EV Electric Vehicle 배터리는 대체적으로 20% 이상 성장할 것이다. 삼성SDI 사업부 구조는 배터리사업부(55%), 전자재료사업부(45%)인데 배터리 사업 분야는 대형 및 소형 배터리다. 지금 대형 배터리 추정치는 30%대 성장이고 나머지 소형 배터리는 25% 정도 성장할 것으로 추정한다. 2025년까지 EV배터리 성장률은 거의 5배 정도로 큰 폭 성장이 전망되고 있다.

보수적인 전기차 판매대수 전망을 보면 2020년 250기가와트시 GWH에서 2025년 810기가와트시로 예상한다. 배터리 수요전망은 2020년 250기가와트시로 고사양 기준 전기차 약 50만 대에 들어갈

삼성 SDI EV용 배터리 매출액과 성장률 전망

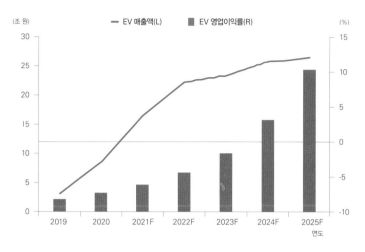

자료: 삼성SDI, 미래에셋증권 리서치센터

수 있는 양이다. 2025년에는 약 200만 대 들어갈 수 있는 양인 810 기가와트시로 전망된다. 그렇다면 2025년 전체 전기차가 2,000만 대로 추정되고 있는데 삼성SDI는 200만 대 정도 감당할 것으로 전 망하므로 M/S로 보면 10% 정도다. 이런 시장을 가지고 있다는 것 은 정말 엄청난 것이다.

2018년도 기준으로 200만 대 중 순수 전기차는 150만 대 수준이 다. 2018년 106기가와트시는 15만 대의 전기차를 생산할 수 있는 양이다. 그런데 106기가와트시는 다른 에너지 저장장치를 생각할 때 그렇게 큰 양은 아니다. 에너지 저장장치는 2025년까지 계속 연 평균 40% 정도 성장할 것으로 예상된다.

종합적으로 삼성SDI는 슈퍼 사이클에 진입되어 있는 고성장 산입군의 핵심 수혜종목이다. 10년 산업성장의 기준으로 볼 때 2021년 시점에서 10년을 내다봐도 끝없이 성장할 것이다. 전기차 배터리 산업 고성장세는 2030년에도 멈추지 않을 것이다. 2021년 전기자동차의 자동차 산업 침투율은 6% 정도다. 2030년 자동차 내 최소 M/S는 30% 이상 될 전망이다. 그럼 자동차 배터리 비중이 앞으로 M/S 30%만 되어도 순수 전기차는 5~10배는 성장한다고 볼 수 있다. 따라서 당연히 10년 동안 전기차 배터리 산업은 5배에서 10배 이상은 성장할 것이다.

　전체 산업은 800%가 증가되는데 삼성SDI 매출을 볼 때 2016년 5조 2,000억 원에서 2018년 기준 9조 1,000억 원 정도로 성장했다. 원통형 배터리가 잘 나간다. 매출액 증가율은 2018년 대비 2019년 10% 증가했다. 2020년에는 12%로 증가했다. 영업이익을 볼 때 2018년 기준 7,150억 원, 2019년에는 4,620억 원으로 −35% 감소했다. 매출액 영업이익이 꾸준히 증가하지 못하다가 2018년부터 15% 이상 급등하고 있다는 점이 특징이고 이후 2021년부터 계속 큰 폭으로 성장하고 있다.

　2020년 매출액은 전기차용 대형배터리로만 거의 4조 5,000억 원을 달성했다. 핸드폰 소형배터리 3조 원을 포함하면 배터리 사업 총매출액은 7조 5,000억 원이다. 배터리 사업이 2017년도 전사 매출액(6조 3,000억 원)을 돌파할 정도로 성장하고 있다. 2021년도 대형

삼성SDI 연간 실적 데이터

(단위: 십억 원, 원, 배 %)

삼성SDI	2017	2018	2019	2020	2021E	2022E
매출액	6,347	9,158	10,097	11,295	13,870	16,926
(증감률 %)	55	45	10	12	23	22
영업이익	117	715	462	671	1,255	1,868
EPS	9,338	9,962	5,066	8,166	16,285	22,850

배터리 매출액은 6조 원 정도로 예상된다. 2022년도에는 8조 원이 넘어설 듯하다. 전사 매출액의 48% 비중이다. 삼성sᴅɪ는 소형 2차 전지 기업이 아니라 대형배터리 기업이 되어 가고 있다. 영업이익을 살펴보면 2017년 1,170억 원이 2021년 1조 2,000억 원 정도로 10배 성장했다. 2017년 대비 2021년 기준 4년 동안 매출액은 2배, 영업이익은 10배 성장했다. 2022년도 매출액은 전년동기대비 22% 영업이익은 49% 성장이 전망된다. 이제 외형뿐만 아니라 이익 성장도 본격화되는 구간에 진입했다.

2018년에 100기가와트시 이상의 20만 대 케파로 완공된 삼성SDI 헝가리 배터리 공장 연도별 가동 일정의 1,000셀 단위로 보면 2018년 준공 이후 2019년부터 완벽한 설비투자를 해서 4만 대 정도 양산에 들어갔다. 2019년 이후 2021년 기준으로 볼 때 34Ah 기종은 3배, 60Ah 기종은 2배로 전체 평균 4만 대에서 20만 대로 5배 정도 증가했다. 유럽시장에 4만 대 전기자동차 배디리를 판매하

삼성 SDI, 배터리 공장 연도별 가동 일정

삼성SDI 헝가리 배터리 공장 예상 기종 / 물량

기종	2018년	2019년	2020년	2021년	비고
34Ah	300	6,752	18,369	18,369	BMW PHEV
37Ah	676	240	1,624	1,980	폭스바겐 e-골프
46Ah	-	691	2,073	2,073	
50Ah	-	3,682	16,742	21,387	신형 e-골프
60Ah	-	8,978	14,918	16,270	BEV(신흥SEC)
65Ah	-	-	768	9,331	
77Ah	-	306	21,742	30,877	폭스바겐 MEB

기 위해 생산에 들어가고 있다. 향후 20만 대로 늘어날 것이기 때문에 5배다. 20만 대 수준이면 폭스바겐에만 공급 가능하다. 2025년에 폭스바겐에서 250만 대 정도 전기자동차 생산을 예상할 수 있다. 삼성SDI, LG화학, SK이노베이션, CATL 등에서 생산된 배터리가 매년 폭스바겐의 전기자동차 50만 대에 장착될 수 있다. 헝가리 배터리 공장을 20만 대 케파로 한 이유는 폭스바겐에 매우 보수적으로 접근해 시설증설에 들어가는 공급 계약이 이루어질 것으로 예상되기 때문이다. 유럽시장 성장성은 보장되어 있는 것이다.

전 세계 전기차 시장 전망

전 세계 자동차 시장 수요 규모를 보면 2019년 기준 합산하여 약 8,670만 대이고, 2021년은 7,910만 대로 줄어들었다. 2020년의 경우 코로나19라는 특수한 상황이라 비교가 큰 의미 없다. 그러나 2019년 대비하여 살펴보면 글로벌 자동차 수요는 2021년은 91% 수준까지 회복된다. 중국 시장만 봤을 때 103% 회복되고 미국, EU, 신흥시장의 경우 예전만큼의 수요 회복은 이루어지지 않을 전망이다.

전기차 수요 급증으로 인한 배터리 공급 부족을 살펴보자. 2019년 수요가 190, 공급이 326으로 공급이 크게 우위다. 2022년부터는 공급부족 현상이 본격화될 것으로 전망된다. 2023년 이후에도 공급부족 현상이 심각하게 발생할 것이다. 배터리를 공급하려면 배터리 공장 등의 증설을 시작으로 생산까지 최소 1년 정도 걸린다. 초기 단계에서 공장부지 확보를 위한 물색 작업 등을 감안하면 2년 정도 소요된다. SK이노베이션 등의 배터리 기업들은 2022년 하반기 내지 2023년에 대규모 양산 계획을 가지고 있다. 2023년에도 심각한 공급 부족이 우려되고 그 다음해에도 부족할 것으로 예상된다.

양산 계획을 보면 SK이노베이션도 이제 시작 단계로 수율 등의 문제를 감안하면 최소 2년 정도 걸릴 것이다. 배터리 수율 기술은 삼성SDI, LG화학이 가장 앞선다. SK이노베이션은 후발진입 단계로 배터리 부족 현상은 계속 이어질 것으로 보인다. 이 자료는 보수

전 세계 주요 시장 자동차 수요 전망

(단위: 만 대)

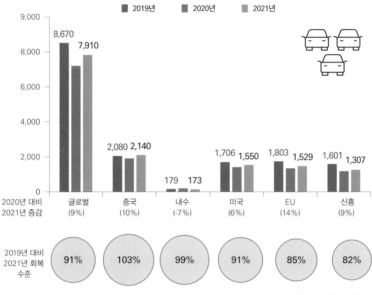

자료: 현대차그룹 글로벌경영연구소

적으로 접근한 것이다. 전기차 수요에 대한 공급은 시간이 지날수록 더 부족해질 것으로 보인다. 주행거리 300km 충전 전기차 기준으로 2023년에는 전기차와 내연기관차의 가격이 같아지는 가격 패리티Price parity가 발생할 것이다. BNEF에 따르면 2020년 배터리 팩의 가격은 $150/kwh, 연 평균 하락을 감안하면 2023년에 $90/kwh 정도 예상된다고 한다. 즉, 가격 패리티 발생 시점이다.

이쯤 되면 정부 보조금을 받지 않아도 될 정도다. 현대자동차 순수 전기차 'SUV 코나'의 가격은 지금 5,000만 원에서 보조금을

전기차 수요 급증, 배터리 공급 부족

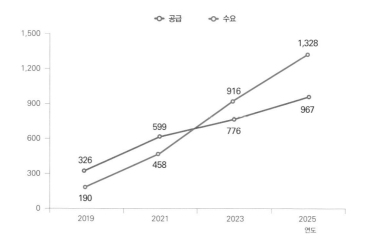

받으면 3,000만 원대 정도 된다. 보조금을 받지 않더라도 2년 뒤에 3,000만 원대로 진입하게 된다. 현재 내연기관차 SUB 차량도 3,000만 원이면 살 수 있다. 전기차는 크기는 조금 작아도 디자인 면에서는 훨씬 좋다. 살펴본 것처럼 앞으로 배터리 공급 부족은 심각해질 것이다. 공급 부족이 발생하면 삼성SDI, LG화학 등의 배터리 가격은 고공행진세가 이어질 것이다. 따라서 배터리 산업은 10년 이상 주도가 가능한 산업이다. 당연히 10년 이상 보유할 종목이고 10배 이상 수익이 날 수 있는 종목이다.

3대 투자 비법을
적용해보자

필자의 자식에게 물려줄 주식의 대표적인 3대 투자 비법을 적용하여 분석해보자. 삼성SDI 주식이 자식에게 물려줄 주식에 왜 안성맞춤인지 살펴보고자 한다. 앞에서 살펴본 3대 투자 비법인 '첫째, 10년 이상 성장주도 산업', '둘째, 10년 이상 보유', '셋째, 10배 이상 수익'이라는 각 조건에 삼성SDI가 어떻게 부합되는지 구체적으로 알아보자.

10년을 넘어 30년 이상 주도할 산업

10년 이상 성장주도 산업 중 배터리는 약 30년 이상을 주도할 산업으로 본다. 전기자동차 산업은 하루아침에 끝나지 않는다. 자동차 산업은 라이프 사이클상 태어나서 정점을 지나고 소멸할 때까지

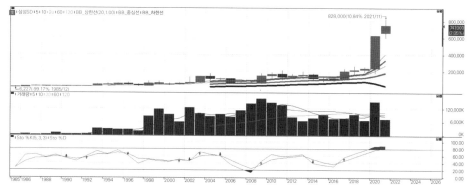

삼성SDI 주가 연봉차트

수명이 가장 긴 산업이다. 자동차 산업은 지금까지 50년 이상 동안
성장해왔다. 전기차는 IT군이기 때문에 앞으로 50년 이상 성장하기
는 어렵고 최소 20년에서 30년 동안은 성장이 가능할 것으로 보인
다. 내연기관차의 경우 2040년에는 유로존 대다수가 생산을 중단
할 것이다. 일본의 경우 2050년 도요타가 내연기관차 생산을 중단
할 것이고 이보다 더 빠르게 2030년에 더 이상 내연기관차를 생산
하지 않을 자동차 회사가 여럿 나타날 것이다.

이런 변화를 예측해볼 때 2030년까지 자식에게 물려줄 주식은
당연히 삼성SDI라고 말할 수 있다. 삼성전자는 끊임없는 혁신으로
앞으로도 10년 이상은 국내산업을 선도할 것이다. 삼성SDI는 삼성
전자에 소형배터리 등을 납품한다. 전자재료 중 일부만 납품한다.
삼성전자 부품 재료 공급치의 역할을 하기 때문에 삼싱전사가 성장

하면 삼성SDI는 그대로 영향을 받는다. 과거에 삼성전관(삼성SDI 구 기업명) 시절 LCD 시대가 와서 주가가 3년 동안 올랐고 다음으로 스마트폰 관련해서 주가가 3년 동안 또 올랐다. 이제는 전기차로 인해 삼성SDI 주가가 또 올라가고 있다. 삼성그룹 성장의 영향을 똑같이 받는 것이다.

삼성SDI 주가를 보면 아무 때나 자녀한테 물려줘도 현재 이익이다. 1985년 6,000원대에 물려주었다면 20년이 지나 2005년 10만 원대가 되기까지 이익은 15배 수준까지 올랐다. 2005년 10만 원 초반에서 현재까지 16년 동안 주가는 등락을 거듭했지만 그 당시보다 7배 오른 상태다. 그런데 여기서 앞으로 1~2년 동안 100% 오른다면 18년 동안 15배 오르게 되는 것이다. 이렇듯 주가라는 것은 그 기업의 성장과 궤를 같이 한다. 브라운관에서 LCD 시대를 지나 스마트폰 시대를 거치면서 삼성SDI는 급성장했고 이제는 전기차 시대를 지나면서 오랫동안 더 큰 고성장이 예상된다. 삼성SDI의 주가는 오르고 조정하고 오르고 그러면서 현재 위치에 있지만 최근 5년 간은 조정 없이 올랐고 또 오르고 있는 상태다.

연봉차트를 분석해보면 일정한 패턴을 벗어나서 쭉 오른다는 것은 산업 고성장 수혜가 주가에 본격적으로 반영되고 있다는 의미다. 2020년 거래량을 보면 사상최고치(2009년)에 근접했다. 과거 8년 평균 거래량 대비 거래량이 2배 정도였던 2020년에는 주가도 3배 올랐고 모멘텀 지표의 대표적인 스토캐스틱 슬로우도 과열권에 역사

거래원	기본	재무정보	외국계	외국인	투자자
상장주식수	(외인한도비율)			68,764,530 (	100.00 %)
외인주문가능	(한도대비소진율)			37,544,493 (	45.40 %)
외인보유수량	(상장수대비보유율)			31,220,037 (	45.40 %)
일자	보유증감	유의		보유수량	소진율
2021/10/20		1,243		30,727,736	44.69
2021/10/19		41,339		30,726,493	44.68
2021/10/18		80,902		30,685,154	44.62
2021/10/15		19,097		30,604,252	44.51
2021/10/14		-70,806		30,585,155	44.48

삼성SDI 외국인 비중

상 처음으로 진입했다.

이것은 어떤 의미일까? 바로 장기간(연봉차트는 장기간 주가분석에 유효) 시세가 폭발한다는 것이고 추세가 강화된다는 의미다. 한 통계에 의하면 10년 동안 투자 성적표는 개인이 매수한 주식은 -79%, 기관은 +9%, 외국인은 +78%의 수익률을 보여주었다고 한다. 그것은 외국인이 좋은 종목을 보유하고 10년 동안 팔지 않았다는 것을 의미한다. 삼성SDI는 그 시대가 왔을 때 항상 중심에 있었다. 그래서 이 종목은 삼성전자와 마찬가지로 계속해서 시대를 개척하며 앞서갈 것이다. 삼성전자의 주력 계열사이기 때문이다. 삼성 후자라고도 한다. 앞으로는 더 나아가 삼성 후자 타이틀을 벗어던질 수 있을 것이다. 삼성그룹의 제조업 내 고성장 선두주자인 것이다. 즉, 삼성선자(삼성그룹 내 선구자 같은 주식)라고 부르면 적당한 애칭이지 않을까.

이제는 삼성전자 후방효과에 더해서 2차 진지 배터리라는 사업부가 새롭게 탄생되고 있는 전기차 배터리 산업 부문에서 고성장의 수혜를 직접적으로 받을 것이 확실하기 때문에 삼성SDI는 삼성전자보다 더 지속적으로 성장할 것으로 보인다. 그래서 고성장하지 못하는 여러 사업부가 있는 삼성전자를 굳이 살 필요 없이 삼성SDI를 사면 된다. 삼성전자의 효과와 삼성전자를 따라가는 효과에 더해서 전기차 배터리 고성장 수혜까지 얻는 금상첨화 주식인 것이다.

삼성SDI의 외국인 비중을 살펴보면 2016년 4월 기준 30% 이하, 2021년 10월 14일 기준 외국인 소진율 44.48%, 외국인 보유수량(상장수대비보유율) 30,585,155주, 44.48%다. 상장 주식수는 68,764,530주로 이 종목은 기간 산업주, 통신주가 아니기 때문에 외국인이 100% 다 살 수 있는 종목이다. 삼성전자 외국인 비중은 2020년 2월 14일 기준 57.19%였는데 2021년 10월 15일 기준으로는 51.45%다. 외국인은 삼성전자 주식을 줄이고 있지만 삼성SDI 주식을 장기간 지속 매수하고 있다. 삼성전자의 외국인 지분은 20개월 동안 5.74% 줄었다. 즉, 외국인이 지속적으로 비중을 축소한 것이다. 팔아버린 것이다.

삼성전자 주식은 사상 최고가를 찍은 2021년 1월 11일 96,800원에서 2021년 10월 14일 종가 69,400원까지 하락했다. 2021년 1월 11일 외국인 지분율은 55.59%를 기록했다. 외국인 지분율이 사상 최고치(57.19%)를 찍은 2020년 2월 14일 종가는 61,800원이었다. 코로나19로 주가는 2020년 3월 23일 종가 기준 42,500원 바닥을 기록하고 우상향 급등세가 10개월간 이어지면서 사상 최고가인 96,800원을 기록한 상황이었다. 이 기간 동안 외국인 비중은 2%p 정도 줄었다. 그런데도 주가는 대시세를 냈다. 왜 그랬을까? 바로 외국인 매도세를 압도하는 유동성이 급격히 유입되었기 때문이다.

코로나19 이전보다 코로나19 상황에서 우리나라뿐만 아니라 글로벌 주식 인구가 거의 두 배 늘었다. 삼성그룹주의 외국인 매수 현황(제조업체기준)을 보면 삼성전기는 2019년 20% 내외, 2021년 10월 14일 기준으로는 32%, 지주사 삼성물산 15.15%, 삼성증권 30.10%, 삼성에스디에스 11.41%, 삼성전자 51.45%다. 삼성SDI는 44.48%로 삼성전자 다음으로 우리나라 종목 중 외국인이 가장 많이 보유하고 있는 종목이다. 이제는 과거 삼성전자처럼 성장품절주가 되어가고 있다. 성장품절주란 성장이 지속되는 기업의 주식을 큰손(외국인, 연기금, 1급 투자자)이 장기 매수하여 보유하고 팔지 않기 때문에 유통물량이 극히 적어진 주식을 말한다. 또한 단순 가격이 수십만 원, 수백만 원이라 사고 싶어도 비싸 보여 살 수 없는 주식을 성장품절주라고 볼 수 있다.

삼성SDI 외국인 지분변화를 살펴보면 2016년 3월 22일 30.13%로 30% 돌파 이후 20개월 뒤인 2017년 11월 24일 42.51% 기록한 후 2019년 1월 4일 38.14%까지 내려갔다. 그 이후 재차 지분율이 증가하기 시작하여 2021년 9월 24일 44.96%를 기록했다. 머지않아 외국인 지분율 50%를 돌파하는 주식이 될 것으로 보인다. 그러면 삼성SDI는 금융(은행, 보험사)주를 제외하고 외국인 지분율이 50%를 돌파한 제조업 기반의 그룹사 주식으로는 삼성전자에 이어 두 번째 종목이 될 것이다.

　외국인이 이토록 러브콜을 보내는 이유를 알고 있다면 언제든지 어떤 가격이든지 이 주식을 사 모아야 한다. 그래야만 수십 년 전부터 삼성전자를 사 모으지 않아 후회한 전철을 밟지 않을 수 있다. 1980년대부터 지금까지 삼성전자를 사 모았다면, 직장이나 아르바이트나 사업을 시작해서 수입이 생길 때마다 수입의 10%만이라도 투자해주었다면, 지금 자신의 인생이 달라지지 않았을까? 자식한테 사서 물려주었다면 자식 인생도 달라졌을 것이다.

장기적으로 어떤 종목을 외국인이 사고 있다면 그 종목은 추세가 올라간다는 것을 의미한다. 삼성SDI는 10만 원대에서도 20만 원대까지 외국인이 집중 매수했었다. 2021년에도 순매수 중이다. 단기적으로 기관이나 개인 매수도 있었지만 추세가 올라간다는 것은 외국인 매수가 엄청나다는 의미다. 엄청난 성장을 하는 주식은 투자에 대한 일반적인 개념과는 다르게 접근할 필요가 있다.

성장성을 보고 10년 이상 보유하라

계속 언급했듯이 삼성전자는 끊임없는 혁신으로 앞으로 10년 이상은 국내 산업을 선도할 것이고 삼성SDI는 삼성전자 IT부품 핵심 기업이기 때문에 함께 성장할 것이다. 배터리 산업은 4차 산업혁명 시대의 심장 역할을 수행하는 산업이다. 4차 산업의 가장 중요한 역할을 하는 하나의 키워드는 초연결이다. 무선으로 연결한다. 대부분의 전자제품이 무선으로 바뀌고 있다. 청소기도 무선으로 바뀌고 있다. 5G를 통해서 무선으로 연결된다. 사물인터넷 등을 무선으로, 즉 선 없이 연결을 가능하게 하는 것이 바로 배터리다. 배터리 기술이 빠른 속도로 발전하여 소형화되고 있다. 또 더 강력한 용량을 저장해서 강력한 힘을 발휘하도록 발전하고 있다.

지금 중국에서는 전기차 배터리의 전고체 배터리화가 이루어지고 있다. 전고체 배터리 신업은 매우 빠르게 진행되고 있다. 같은 부피에서 더 많은 용량을 저장할 수 있기 때문에 주행거리가 30% 이상 비약적으로 늘어나게 된다. 그리고 안전하다. 고체로 만든 전해질 때문에 폭발이나 화재위험에서 자유롭다는 점에서 대단히 혁신적이다. 배터리는 심장 역할을 한다. 심장이 터지면 위험하므로 안전성은 아주 중요하다. 앞으로 배터리는 대형이든 소형이든 4차 산업에서 심장 핵심 역할을 맡아 성장할 것이다.

따라서 삼성SDI는 당연히 10년 이상 성장할 것이고 주가도 당연히 200만 원대 이상까지 오를 것이다. 지속 성장한다면 그 이후에도 2030년 전에 현재 기준 10배인 750만 원 내외도 가능할 것으로 예상된다. SK텔레콤은 이동통신 시대에 진입하면서 500만 원까지 올랐다. 액면분할 전에 그 무거운 1등 주식 삼성전자도 280만 원까지 올랐다. 그리고 아모레퍼시픽도 400만 원까지 올랐다. 10년 보유했을 때 삼성SDI 또한 750만 원까지 올라갈 수 있을 것으로 본다. 750만 원까지 되려면 10배 올라야 하므로 아직은 먼 얘기일 것이다.

물론 이 모든 것이 하루 아침에 이루어지는 것은 아니다. 2016~2017년 시점에 필자는 2020년 삼성SDI의 목표가를 67만 원으로 설정하고 이 가격을 찍을 것이라 주장했다. 앞으로 늦어도 1년 이내에 100만 원대까지 올랐다가 조정받더라도 수년 내에 200만 원대로 오를 것으로 전망한다. 삼성전자는 시가총액이 크기 때문에 시간이 많이 걸린다. 2012년 30만 원에서 210만 원 정도가 되기까지

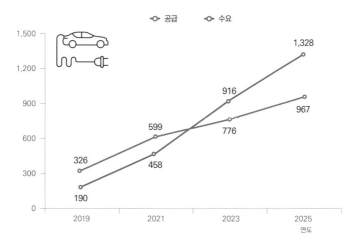

글로벌 전기차용 배터리 시장 전망

(단위: GWh)

공급 수요

1,500

1,328

1,200

916

967

900

776

599

600

458

326

300

190

0

2019 2021 2023 2025

연도

자료: SNE리서치

12년 걸렸다. 반도체 D램의 공급부족 현상은 2017년에 나타났다. 2016년 상반기 100만 원에서 2017년까지 120% 올랐고 SK하이닉스는 2만 5,000원에서 4배나 올랐다. 삼성전자는 덩치가 크기 때문에 두세 배 정도 올랐고 반면에 SK하이닉스는 가볍기도 하고 단일사업부로 구성되어 있어 주가 탄력이 더 좋아서 4배나 상승했다.

D램의 공급부족이 지속되면 과부족 현상으로 삼성SDI의 주가는 1년 만에 60만 원대에 머물다가 바로 150만 원대까지 올라갈 수 있다. 또 삼성전자가 액면분할 전 100백만 원대에 있다가 D램값 폭등으로 1년 만에 300만 원으로 오른 것처럼 더 오를 수 있다. 특히 상황이 전기차 시장으로 급격히 전환되고 전기차 침투 율이 50% 이상

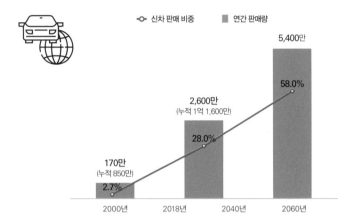

글로벌 전기차 향후 20년 판매 전망

(단위: 대)

신차 판매 비중　연간 판매량

5,400만

58.0%

2,600만
(누적 1억 1,600만)

28.0%

170만
(누적 850만)

2.7%

2000년　　2018년　　2040년　　2060년

자료: 블룸버그 뉴에너지파이낸스(BNEF)

올라간다면 주가도 100배 오를 것이다. 삼성SDI의 최저 가격을 7만 원대로 보았을 때 100배면 700만 원대다.

삼성SDI 시가총액이 47조 원인데 10배면 470조 원이다. 전기자동차의 심장은 엔진 역할을 하는 배터리다. 내연차의 핵심부품은 엔진이듯이 말이다. 그래서 전기차 산업 고성장의 핵심 수혜주는 전기차 배터리 소재, 부품 주식인 것이다. 만약 2025년경 폭스바겐이나 현대자동차 또는 기아가 배터리를 직접 만든다면 그 이후 배터리셀 회사들의 고속 성장은 쉽지 않을 것이다. 그렇게 되면 삼성SDI는 삼성 자동차를 만들면 된다.

전기 자동차 제작은 내연차보다 진입장벽이 아주 낮기 때문에 마

글로벌 배터리 수요, 공급 전망: 2024년부터 공급 부족

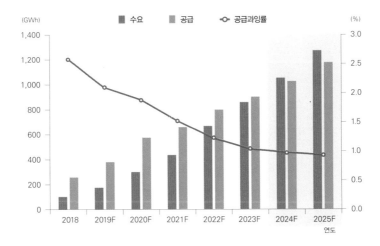

자료: SNE리서치, 신영증권 리서치센터

중국 외 지역 배터리 수요, 공급 전망: 2021년부터 공급 부족

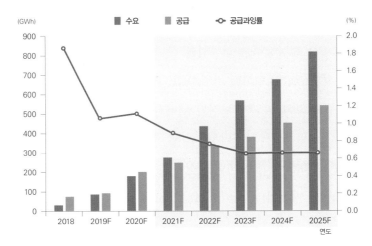

자료: SNE리서치, 신영증권 리서치센터

음만 먹으면 만들 수 있다. 삼성전자는 자율주행 기술을 보유하고 있다. 중국 전기차 및 배터리 생산업체인 BYD(비야디)에도 투자했다. 삼성그룹이 BYD와 사업파트너로서 함께 가도 된다. 자율주행 기술을 가지고 구글 웨이모라는 자율주행차를 테스트하고 있기 때문에 삼성의 전기차 배터리, 자율주행 산업 중 성장 수혜에는 전혀 문제가 없다. 외국인이 이 사실을 이미 알아버렸기 때문에 우리도 빨리 생각을 바꿔야 한다. 외국인은 주식 10% 비중을 그냥 높이지 않는다. 외국인이 삼성전자 주식의 비중을 왜 56%로 늘렸는지 이유를 생각해보면 된다.

신성장 동력인 자동차 전지 사업부가 10년 이상 성장할 것이라는 사실은 누구도 부인하지 못한다. 새로운 산업인 전기차 배터리 산업이 새롭게 탄생된 것이다. 새로운 산업, 고성장의 1등 수혜주, 실패 없는 1등 주식은 반드시 바닥 대비 100배 이상 오른다. 그룹사들이 장기간 고성장하는 신사업을 할 때 액면분할하기 전 주식 가격으로 보면 200만 원까지 가지 않은 주식이 거의 없다. 삼성SDI는 삼성그룹 최고의 성장이 보장된 배터리 회사로 30년은 그 지위를 유지할 것으로 보인다. 따라서 100배 못 오른다는 보장이 없다. 다시 한 번 말하지만 최소 10년 이상을 성장하는 기업의 주식 보유기간은 10년이 기본이다.

둘째, 10년 이상 보유

- 자동차 배터리는 10년 이상 성장할 산업
- 10년 이상 사기만 하라
- 10년 이상 보유는 기본

10배 이상 수익이 어떻게 보장되는가?

10배 이상 수익은 어떻게 보장되는지 알아보자. 매출액의 10배 성장하는 1등 주식의 주가는 기본적으로 10배 상승이 가능하다. 전기차 배터리를 LG화학이 84조 원을 수주했고 삼성SDI가 50조 원을, SK이노베이션이 40~45조 원을 수주해놓았다. 50조 원을 수주해놓은 것은 장기 계약으로 5년 정도의 매출액이다. 본격화되면 1년에 10조 원 매출에 해당된다. 삼성SDI가 2025년도까지 50조 원을 수주해놓았다는 것은 2018년 9조 원대에서 이 매출만 놓고 보더라도 5배에 해당된다. 앞으로도 전기자동차 시장의 성장으로 배터리 산업도 기본적으로 성장할 것이다. 주가도 당연히 10배 상승한다는 뜻이다. 본격 실적 성장 기산점(BEP 돌파)부터 매출성장과 주가상승은 동행한다.

따라서 2019년 하반기나 늦으면 2020년에 실적 기산점이 시작되는 것이다. 그리고 매출이 늘면 비로 실적에 반영되기 때문에 실

셋째, 10배 이상 수익

- 매출액 10배 성장하는 1등 주식의 주가 상승은 기본 10배에서 30배
→ 본격 실적 성장(BEP 돌파)부터 매출성장과 주가상승은 동행

- 2020년 매출성장이 본격화된 이후 2021년 흑자 전환
→ 전기차 산업 라이프 사이클은 자동차 산업과 유사
→ 자동차 산업은 50년 동안 성장했다. 그럼 전기차도 기본 30년은 성장이 지속된다는 것을 염두에 두자.

적 성장이 지속되면 주가도 마찬가지로 동행해서 같이 갈 것이다. 2020년부터 전기차 시장 케파가 커지니까 매출이 본격화된다. BEP 돌파 이후 2020년 하반기부터 실적 성장이 시작되었다. 그래서 주가 상승은 실적보다 앞서가는 생리로 2020년 초반부터 1년간 3~4배 올랐다. 전기차의 성장 산업 라이프 사이클은 자동차 산업과 유사하다. 자동차 산업은 50년 동안 성장했다. 그러면 전기 자동차는 기본 30년 동안은 성장이 지속된다는 사실을 염두에 두어야 한다. 이 주식은 기본 10년은 들고 가도 되는 주식이라는 말이다. 물론 10년 이상 보유하는 것이 핵심이다.

자녀에게 물려준
실제 주식 계좌

다음은 자식에게 물려줄 주식으로 투자하고 있는 필자의 거액 자산가 양성 투자클럽 회원들의 투자 사례다. 계좌번호, 계좌명, 종목명, 매입가, 수량 등은 블라인드 처리했다. 간략한 설명과 투자 비법을 곁들이면서 사례를 공개한다. 2021년 10월 말이 기준이다.

미성년 자녀와 손자를 위한 주식 투자

카리스마신 회원에게는 미성년 자녀(중학생 딸, 초등학생 아들)가 2명 있다. 자녀 명의의 주식계좌를 개설한 후 1,000만 원 정도를 증여하여 주식을 1종목 편입해주고 1년 정도 들고 있는 상태다. 자녀에게 물려준 주식은 기본적으로 10년 이상 성장, 10년 이상 보유, 10배 이상 수익을 바라보고 투자하는 주식이다. 벌써 1년 동안 100% 수익이니 10년긴 10배 수익은 쉬울 것이다.

주식잔고				주식잔고			
보유잔고	체결내역	예수금	신용잔고	보유잔고	체결내역	예수금	신용잔고
총평가손익	+8,641,283	총평가금액	17,089,917	총평가손익	+10,332,020	총평가금액	20,592,820
총수익률	+102.28%	추정예탁	17,106,632	총수익률	+100.69%	추정예탁	20,606,978
종목명	매입가	잔고수량	매도가능	종목명	매입가	잔고수량	매도가능
현재가	등락률	평가손익	수익률	현재가	등락률	평가손익	수익률
	+5.97%	+8,641,283	+102.28%		+5.97%	+10,332,020	+100.69%

카리스마신 자녀 2명 주식잔고 현황

　카리스마신 회원의 자녀 계좌에 들어 있는 투자원금은 1,000만 원 내외로 다른 회원들에 비해 그리 많지 않은 편이다. 그러나 자녀가 미성년이고 어리기 때문에 이 정도 투자금으로 자녀에게 주식을 사주고 물려주었다는 것은 이미 10억 원 이상의 수익을 보장하는 것과 같다. 왜 그럴까? 자녀가 성년을 지나 직장생활이 본격화되는 30세 정도가 되려면 15년에서 20년이 흘러야 된다. 15년에서 20년을 준비기간으로 두고 수립한 목표와 전략하에 적극적으로 행동(투자)을 실천하고 있기 때문에 기대가 크다.

　이 회원은 주식계좌를 들여다 볼 때마다 행복하고 든든한 마음이 들 것이다. 부모인 자신은 그냥 중산층에 불과하지만 내 자식은 어린 나이인 30대에 돈에서 해방될 수 있다는 확신, 신념을 가질 수 있으니 부모로서 자식의 미래가 기대될 수밖에 없다. 이 회원은 자

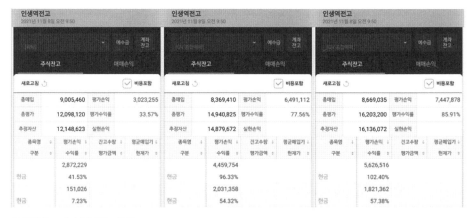

인생역전고					인생역전고					인생역전고				
2021년 11월 8일 오전 9:50			예수금	계좌 잔고	2021년 11월 8일 오전 9:50			예수금	계좌 잔고	2021년 11월 8일 오전 9:50			예수금	계좌 잔고
주식잔고		매매손익			주식잔고		매매손익			주식잔고		매매손익		
새로고침 ⟳		✓ 비용포함			새로고침 ⟳		✓ 비용포함			새로고침 ⟳		✓ 비용포함		
총매입	9,005,460	평가손익	3,023,255		총매입	8,369,410	평가손익	6,491,112		총매입	8,669,035	평가손익	7,447,878	
총평가	12,098,120	평가수익률	33.57%		총평가	14,940,825	평가수익률	77.56%		총평가	16,203,200	평가수익률	85.91%	
추정자산	12,148,623	실현손익			추정자산	14,879,672	실현손익			추정자산	16,136,072	실현손익		
종목명	평가손익	건고수량	평균매입가		종목명	평가손익	건고수량	평균매입가		종목명	평가손익	건고수량	평균매입가	
구분	수익률	평가금액	현재가		구분	수익률	평가금액	현재가		구분	수익률	평가금액	현재가	
현금	2,872,229				현금	4,459,754				현금	5,626,516			
	41.53%					96.33%					102.40%			
	151,026					2,031,358					1,821,362			
현금	7.23%				현금	54.32%				현금	57.38%			

인생역전고 자녀 주식잔고 현황

식에게 가장 중요한 유산(주식)을 물려주고 있다는 그 마인드로 꾸준히 투자를 실천하고 있다.

앞의 자료는 또 다른 필자의 회원 인생역전고의 큰아들 5세, 둘째아들 4세, 막내아들 1세의 주식 계좌다. 매달 10만 원에서 30만 원 정도 주식을 사주고 있다. 명절 때 용돈을 주면 그것으로 주식을 사 모은다고 한다. 언뜻 보기에 투자금이 크지 않아 보인다. 하지만 이 정도면 엄청난 규모다. 이 회원 자녀의 계좌는 20세 정도에 최소 20억 원 이상으로 불어나 있을 거라 필자는 확신한다. 이렇게 보면 이 계좌는 1,000만 원대

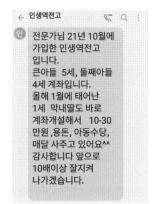

← 인생역전고

인 전문가님 21년 10월에
가입한 인생역전고
입니다.
큰아들 5세, 둘째아들
4세 계좌입니다.
올해 1월에 태어난
1세 막내딸도 바로
계좌개설해서 10-30
만원 ,용돈, 아동수당,
매달 사주고 있어요^^
감사합니다 앞으로
10배이상 잘지켜
나가겠습니다.

가 아니라 20억 원짜리 주식계좌인 것이다.

인생역전고 회원은 2020년 10월 12일 필사의 두사클럽에 들어온 후 매우 진정성 있는 태도로 투자에 임하고 있는 회원이다. 가입 당시 투자금이 3,000만 원밖에 되지 않았다. 그 당시 이 회원은 투자금이 너무 적다는 생각에 "동방박사님, 투자클럽에 가입이 가능할까요?" 이렇게 조심스럽게 물어본 분이다. 거액 자산가가 되기 위해서는 투자금이 많아야 한다는 선입견을 가졌던 것이다. 이럴 때마다 필자는 늘 한결같이 얘기해준다. "3,000만 원이면 축복받은 돈이다. 이 돈이 없어서 죽는 사람도 있다. 돈의 규모는 전혀 중요하지 않다. 돈에 대한 올바른 마인드 정립과 돈 버는 비법을 잘 습득하는 게 더 중요하다"라고 말이다. 이 3,000만 원으로도 얼마 되지 않은 기간 내에 10억 원이 될 것이라고 말해주었다.

인생역전고 회원의 가장 큰 장점은 무엇인가? 첫째, 전문가에게 배운 대로 실천하고 있다는 것이다. 주식에 대해 잘 모르니까 본인의 마음대로 하고 싶은 대로 하지 않고 일단 따르기로 한 이상 모든 조언을 있는 그대로 충실히 한다는 것이다. 둘째, 미래를 위해 지금 이 순간도 투자를 하고 있다는 것이다. 주식 투자는 하루라도 빨리 꾸준히 하는 것은 중요하다. 셋째, 나중에 돈을 벌게 되면 그때 자식계좌를 만들어주겠다는 등의 이유로 미루지 않고 지금 당장 할 수 있는 투자를 실천한다는 것이다. 이 회원의 경우 미래가 현재이고 현재가 미래가 될 것이다. 즉, 찬란한 미래를 위해 지금도 준비하고 있기 때문이다.

주식담보대출을 활용한 주식 투자

다음 자료는 민들레 회원이 준비해둔 성인 자녀 2명의 계좌 잔고 현황이다. 자녀가 성인이라 주식담보대출을 이용하여 레버리지 투자 중이다. 투자원금 5,000만 원에 대출금 6,000만 원 더해서 현재 평가순자산(대출제외) 수익률이 160% 정도 120%이다. 자식에게 물려줄 주식은 실패 없는 1등주이기 때문에 전고점 대비 30% 내외 하락 시에는 주식담보대출을 활용한 레버리지 투자도 좋은 방법이다. 아파트를 부동산담보대출로 사듯이 말이다. 두 자녀가 정상적인 장기 투자를 잘하고 있는 셈이다. 10년 안에 돈에서 해방되는 것은 기정사실이다.

일반적으로 빚내서 투자하면 위험하다고 다들 우려의 말을 한다. 모두 빚투를 경멸하듯 말하곤 한다. 주식을 전문적으로 하는 전문가들조차도 그런 말을 구분하지 않고 말한다. 빚내서 투자하든 빚내지 않고 가지고 있는 소액으로 주식 투자를 하든 한 방 노리듯이 주식을 하면 망할 수밖에 없다. 주식이 위험한 것이 아니라 주식을 하는 투자자가 위험한 사람이라 위험한 것이다. 도박꾼에게 미래는 없다. 장기 투자에 대한 마인드를 배우고 나서, 장기 투자로 거액 자산가가 되겠다는 목표를 설정하고, 전략을 수립하여, 실패 없는 1

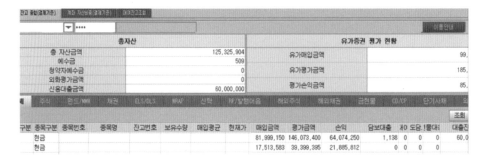

잔고 종합(결제기준)	계좌 자산번호(결제기준)	대여잔고조회						
	▼ ••••						이용안내	

총자산		유가증권 평가 현황	
총 자산금액	125,325,904	유가매입금액	99,
예수금	509		
청약자예수금	0	유가평가금액	185,
외화평가금액	0		
신용대출금액	60,000,000	평가손익금액	85,

	주식	펀드/MMF	채권	ELS/DLS	WRAP	신탁	RP/발행어음	해외주식	해외채권	금현물	CD/CP	단기사채	외

조회

구분	종목구분	종목번호	종목명	잔고번호	보유수량	매입평균	현재가	매입금액	평가금액	손익	담보대출	재0	도담	!돈대	대출진
현금								81,999,150	146,073,400	64,074,250	1,138	0	0	0	60,0
현금								17,513,583	39,399,395	21,885,812	0	0	0	0	

잔고 종합(결제기준)	계좌 자산번호(결제기준)	대여잔고조회						
	▼ ••••						이용안내	

총자산		유가증권 평가 현황	
총 자산금액	306,401,546	유가매입금액	19
예수금	38,866		
청약자예수금	0	유가평가금액	36
외화평가금액	0		
신용대출금액	60,000,000	평가손익금액	17

	주식	펀드/MMF	채권	ELS/DLS	WRAP	신탁	RP/발행어음	해외주식	해외채권	금현물	CD/CP	단기사채	외회

조회

구분	종목구분	종목번호	종목명	잔고번호	보유수량	매입평균	현재가	매입금액	평가금액	손익	담보대출	대여	매도담보	선물대용	대
현금								157,948,321	280,453,000	122,504,679	1,128	0	0	0	60,
현금								34,097,840	85,909,680	51,811,840	0	0	0	0	

민들레 자녀 2명 주식잔고 현황

안녕하세요 전문가님
민들레 입니다
자녀 계좌 2개 전달드립니다.
작년6월에가입했구요
30세 이상 아들,딸에게 5000만원씩
증여하여
　　80%,　　20%로사게하고
주식담보대출활용도하게했습니다
월급타는대로작년부터　　으로
적금테이블도 3명 다 하고있고
모든 아카데미 수강도
빠지지않고같이듣고있습니다
앞으로도전문가님따라
열심히 함께하겠습니다
감사드립니다~^^

등주로만 투자를 실천하는 투자자라면 빚내서 투자를 하든 집 팔아서 투자를 하든 아무 상관없다. 건강하고 올바른 장기 투자 마인드라면 세상에서 가장 안전하고 쉬운 것이 주식으로 돈 버는 일인 것이다.

다음은 2018년 2월부터 필자 투자 클럽에서 함께하고 있는 10milliard 회원 자녀의 주식계좌 잔고 현황이다. 2019년 2월 '자식에게 물려줄 주식의 모든 것' 아카데미 강좌를 수강한 후 기회만 되면 자식에게 주식을 사주기로 마음먹고 있었다고 한다. 2018년 투자클럽 가입 당시 그의 투자원금은 5,000여 만 원 정도였다. 가입 당시 현물 주식으로 실전 경험을 쌓고 주식 선물 투자를 하고 싶다고 했다. 그렇게 주식 투자를 시작했고 몇 달 뒤에 주식 선물도 병행하게 했다. 주식 선

10milliard 자녀 주식잔고 현황

물 투자금으로는 주식담보대출로 3,000만 원 받아서 운용하기 시작했다.

2021년 늦가을인 현재 현물과 선물 투자자산이 17억 원이 되었다고 한다. 자녀 계좌를 보니 투자금이 본격적으로 불어나기 시작한 2020년부터 2021년에 자녀에게 투자금을 증여하여 주식을 사주었다는 것을 알 수 있다. 2019년 아카데미를 수강하여 공부한 후 기회가 오니 자식에게도 주식을 물려준 것이다. 참 대단한 투자자다. 성공하는 회원들의 가장 큰 장점이자 성공요인은 진정성이 높다는 것이다. 전문가가 리딩하는 대로 그대로 실천하는 회원들이다. 그들은 이미 인생역전에 성공했고 앞으로 매년 평균 20억 원은 벌리

는 단계에 들어서 돈이 기하급수적으로 늘어나는 것을 체험하게 될 것이다.

8종목에서 2종목으로 종목 정리

2020년 6월 18일 필자의 투자클럽에 입문한 반짝반짝 100억 회원의 자녀계좌다. 먼저 가입 당시 이 회원의 투자금은 1.6억 원이었고 보유하고 있는 종목 수가 8개였다. 필자의 리딩이 시작되는 첫날 모든 주식을 매도하라는 조언에 따라 매도 후에 1억 6,000만 원으로 1종목에 1억 3,000만 원 투자 후 남은 3,000만 원으로 소형 저가주를 1종목 더 편입했다. 이렇게 총 2종목으로 포트 구성을 완료했다. 가입 당시 100억 원을 벌겠다고 필명도 반짝반짝 100억으로 변경했다. 그런 후 6월 29일에 문자 한 통이 날라 왔다. 계좌수익이 +10% 정도 1,600여 만 원 평가이익 상태인데 "자꾸 팔고 싶은 마음이 생겨 문자 보내 봅니다. 단단히 지킬 수 있게 혼내주세요"라는 문자였다. 필자의 문자 답변은 "평가손익은 의미 없어요. 한두 달 주식하고 말 거라면 그렇게 하시구요. 그럴 거면 필명 바꾸세요 1억으로 ㅜㅜ"였다. 현재는 리딩을

반짝반짝 100억 자녀 주식잔고 현황

잘 따르고 있다.

그는 지난 3월에 주식 선물 투자를 시작하면서 현물 주식은 쳐다보지도 않는다고 한다. 이제 장기 투자가 습관화되어 가고 있는 듯하다. 작년 11월에는 자녀 주식계좌를 만들어서 자녀에게 물려줄 270만 원어치의 주식을 편입했다고 한다. 계좌수익률 102.72%이다. 그리고 '세상에서 가장 쉽고 안전한 누구나 거액 자산가 되기' 아카데미 수강 후 자녀 명의로 5년 만기 적금 불입 중이라고 한다. 매월 30만 원씩 적금 들고 그 적금으로 담보대출을 받아 주식 1종목을 사주고 있다고 한다. 배운 대로 잘하고 있어 다행이다.

이제 이 회원은 주식 투자를 도박 같이 하던 세계에서 벗어나 철저한 장기 투자 전략하에 현물 주식은 장기 투자를 하고 단기로는 주식 선물로 매매하는 방법을 택하고 있다. 찬란한 미래가 눈앞에 있다. 주식 인생을 성공적으로 살아갈 것으로 기대된다.

시장 상황에 휘둘린 위기 사례

다음은 에스디 자녀 2명의 주식잔고 현황이다. 에스디 회원은 연봉이 2억 원 이상이고 오래된 회원이다. 가입 당시 7년여 뒤 은퇴 후의 삶을 미리 준비하고자 주식 투자를 필자에게 배우고 있는 회원이다. 2020년 3월 대폭락장에 집안 다툼이 있었다고 한다. 주식을 다 팔고 나중에 안정되면 다시 사지는 부인과 절대 시고파는 것

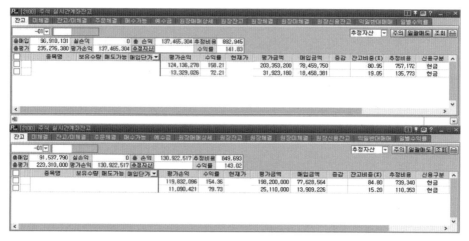

에스디 자녀 2명 주식잔고 현황

을 반복해서는 안 된다는 에스디의 의견 충돌 때문이었다. 고점에 팔고 저점에 다시 산다는 전략(단기 매매 전략)은 결국 큰 시세가 나기 전까지 보유할 수 없다는 한계가 있기 때문에 중요한 장기 투자 핵심 포인트에 위배된다. 따라서 에스디는 절대 팔면 안 된다고 했지만 부인은 반대 입장이었던 것이다.

필자에게 배운 것을 잘 실천하고 있는 에스디 회원의 입장에서 장기 투자 비법을 모르는 부인의 팔고 다시 사자는 전략이 답답했을 것이다. 미래에 대한 철저한 계획하에 오늘 하루도 제대로 된 주식 투자를 해나가는 에스디에 반해 부인은 근시안적으로 당장 눈앞에 있는 주식 시장, 계좌 잔고, 자산 상황 등에 휘둘리고 짧은 지식으로 판단하여 결정하는 오류를 범하는 대중 투자자에 머물러 있었던 것이다. 앞에서 언급했던 것처럼 거액 자산가가 탄생하는 성공의 열쇠인 목표에 대한 진정성, 종목에 대한 진정성, 전문가에 대한 진정성을 모르고 보이는 현상으로만 판단하는 것이 대중 투자자의 한결같은 투자 심리다.

오랫동안 한 번의 흔들림도 없이 필자에게 상의한 후 레버리지도 사용하여 장기 투자 종목을 잘 간수하고 있었던 에스디 회원은 그 논쟁으로 6개월 정도 필자를 떠나게 되었다. 진정성 높은, 큰돈을 벌 수밖에 없는 성향의 회원도 결국 투자에 대한 수준이 다른 배우자와의 의견 충돌은 피할 수 없었던 것이다. 그래도 작년 대폭락장 위기에 팔지 않고(뺏기지 않고) 잘 보유하고 있어서 현재 그 당시보다 4배 정도 오른 30억 원대의 주식자산을 갖고 있다. 자녀 주식 계좌를 보면 잘 나타나 있다. 5,000만 원으로 증여세 신고 후 주식을 사주었다고 한다. 나머지는 큰 아빠 회사에서 배당받은 금액으로 주식을 사주었다고 한다. 계좌수익률은 140% 정도다. 이 회원의 자녀는 투자를 시작하는 출발점에서 이미 부자였기에 쉽게 편안하게 장기 투자를 해서 지금부터 10배 수익을 얻는 것은 기본이 될 것이다. 필자가 충고할 게 별로 없다. 앞으로도 큰 성공을 하는 투자자가 될 것이라고 확신한다.

에스디 회원의 사례를 듣고 어떤 생각이 들었는가? 필자가 늘 강조하는 것이 있다. 주식 투자는 자신의 책임으로 전문가의 도움을 받아서 혼자 해야 하고 주변 지인이나 가족과 상의하지 말아야 한다. 주변이 모두 개미 투자자인데 개미 투자자랑 아무리 놀아봐야 개미지옥에서 빠져나올 수 없다. 와이프, 남편이 물어봐도 거액 자산가가 되기 전에는 주식 계좌가 어떻게 되고 있는지 절대 공개하지 않는 것이 좋다. 2~3억 원이 10배 이상 20~30억 원이 된 상태를 배우자가 알면 그 돈이 흐지부지 빠져나가고 더 이상 큰 돈 벌기 힘들게 될 것이다. 여기서 한 단계만 더 넘으면 100억 자산가가 되는데 말이다.

계좌수익률 84배, 필자의 주식 선물 투자 사례(복리끝판왕 사례)

2020년 9월 7일에서 2021년 10월 19일 동안 13개월을 운용한 결과다. 5년간 100배 수익이 목표인 계좌다. 첫 번째 종목 70% 수익 확정 후 두 번째 종목은 매수 후 11개월째 그대로 보유 중이다. 그런데 84배 수익이다. 매일 투자이익 결과를 보면 크게 요동치고 있다. 주식 선물은 매일 정산하기 때문에 투자 손익은 저렇게 표기되지만 마진콜만 안 당하면 매월 롤오버(만기월 이월)하면서 장기 투자가 가능하다. 선물이라고 단타만 하는 고정관념을 벗어던진 투자법이고 복리효과 끝판왕인 주식 선물로 하는 장기 투자법이다. 이 사례는 100배 벌 수밖에 없는 노하우를 쌓기 위한 실전 투자 계좌다. 세상에서 가장 빠르고 효율적인 주식 투자법이다.

필자의 경우 투자클럽을 11년째 운용하며 장기 투자에 대한 이

기간	투자이익	기초자산	기말자산	기말대출잔액	입금고	출금고	보존입금액	보존출금액	투자원금
2021/10/19	195,500,000	645,123,955	840,623,955	0	0	0	0	0	645,123,955
2021/10/18	-53,000,000	698,123,955	645,123,955	0	0	0	0	0	698,123,955
2021/10/17	0	698,123,955	698,123,955	0	0	0	0	0	698,123,955
2021/10/16	0	698,123,955	698,123,955	0	0	0	0	0	698,123,955
2021/10/15	77,500,000	620,623,955	698,123,955	0	0	0	0	0	620,623,955
2021/10/14	-7,922,580	628,546,535	620,623,955	0	0	0	0	0	628,546,535
2021/10/13	104,450,000	524,096,535	628,546,535	0	0	0	0	0	524,096,535
2021/10/12	5,275,000	518,821,535	524,096,535	0	0	0	0	0	518,821,535
2021/10/11	0	518,821,535	518,821,535	0	0	0	0	0	518,821,535
2021/10/10	0	518,821,535	518,821,535	0	0	0	0	0	518,821,535
2021/10/08	92,000,000	426,821,535	518,821,535	0	0	0	0	0	426,821,535
2021/10/07	0	426,821,535	426,821,535	0	0	0	0	0	426,821,535
2021/10/06	-201,725,000	628,546,535	426,821,535	0	0	0	0	0	628,546,535
2021/10/05	149,500,000	479,046,535	628,546,535	0	0	0	0	0	479,046,535
2021/10/04	0	479,046,535	479,046,535	0	0	0	0	0	479,046,535
2021/10/03	0	479,046,535	479,046,535	0	0	0	0	0	479,046,535
2021/10/02	0	479,046,535	479,046,535	0	0	0	0	0	479,046,535
2021/10/01	-23,000,000	502,046,535	479,046,535	0	0	0	0	0	502,046,535
2021/09/30	-63,725,000	565,771,535	502,046,535	0	0	0	0	0	565,771,535
2021/09/29	149,500,000	416,271,535	565,771,535	0	0	0	0	0	416,271,535
2021/09/28	15,213,250	401,058,285	416,271,535	0	0	0	0	0	401,058,285
2021/09/27	164,394,670	236,663,615	401,058,285	0	0	0	0	0	236,663,615
2021/09/26	0	236,663,615	236,663,615	0	0	0	0	0	236,663,615
전기간	830,506,417	4,117,538			6,000,000				10,117,538

필자가 운용 중인 복리로 84배 수익 주식 선물 장기 투자 사례

론과 실전으로 거액 자산가를 양성시키면서 수많은 사람들을 돈에서 해방시키고 있다. 그리고 2021년 봄부터 주식 선물로도 5년간 100배 수익을 내기 위한 장기 투자 계좌를 운용하고 있다. 매매하지 않고 박스권 돌파 시 추가 매수하고 보유하면서 추가 매수한 것만으로도 본전을 지키는 투자법이다. 역시나 장기 투자가 기본인 투자법이다.

장기 투자 비법을 터득하고 실전을 통해 장기 투자가 습관화되고 투자 철학으로 자리 잡으면 그 다음부터 돈을 기하급수적으로 벌수 밖에 없는 여러 가지 투자 사업을 할 수 있다. 가장 먼저 누구나 편안하게 할 수 있는 것이 실패 없는 1등주 장기 투자이고 그 다음

으로 할 수 있는 것이 실패 없는 1등주로 레버리지를 사용하여 편안하고 안전하게 5년 안에 10배 수익을 내는 장기 투자법이다. 그리고 더 나아가 아주 적은 돈인 매달 4만 원(매주 1만 원)으로도 수십억 원을 버는 투자법, 매달 50만 원(수입의 10%)씩 은행에 적금을 들고 만기에 실패 없이 타면서 이 은행 적금을 활용한 주식 투자로 10배를 벌 수 있는 '세상에서 가장 쉽고 안전한 누구나 거액 자산가 되기 투자법', '5년 만에 주식 선물로 100배 낼 수밖에 없는 주식 선물 투자법', 그리고 이 책에서 기술하고 있는 '자식에게 물려줄 주식 투자법'을 실천해 나가면 된다.

즉, 기업이 여러 사업부를 나눠서 사업을 해나가듯이 주식 투자를 할 때도 나누어서 투자 사업을 해나간다면 보다 안전하고 편안하게 거액 자산가로 성공할 수 있을 것이다. 이런 모든 투자법의 기본 베이스는 장기 투자다. 조금만 배우고 노력해서 자식에게 물려줄 주식으로 1,000만 원어치만 장기 투자한다면 10년 후 자녀들은 돈에서 해방된 인생을 살게 될 것이다.

자식에게 물려줄

주식 투자 원칙

7장

:

**지금부터
실천하라**

팔지 않고
사기만 하는 주식

자식에게 물려줄 최고의 주식 투자 전략

- 매수만 있고 매도는 없다
- 위기가 찾아오면 기회로 생각해야 한다
- 자녀(손자)계좌에서 매수를 진행한다
- 계좌 평가손익을 체크하지 않는다
  (HTS 개설 금지, 전화주문/ARS 이용)

투자 전략으로는 많이 사면 살수록 좋다는 것이다. 최고의 투자 전략은 매수만 있고 매도는 전혀 없는 것이어야 한다. 물론 단기적으로 매매하는 종목이 있을 수 있겠지만 자식에게 물려줄 주식은 절대 1주도 팔면 안 된다. 위기가 찾아오면 기회로 생각해서 레버리지 투자를 해도 무방하다. 자녀에게 물려준다면 자녀계좌에서 반드시 매수를 진행해야 한다. 그래야만 부모 세대에 매도하지 않는 것이 된다. 10년 이상 보유하기 위해서 중간 중간 계좌 평가손익을 확인하지 않아야 한다. 이익이 나든 그렇지 않든 절대 확인하지 않는 것이 중요하다. 부동산을 사서 보유하고 있으면 시세를 자주 보지 못하니까 결국 장기 투자가 가능해서 돈을 벌 수 있는 것과 비슷한 개념이다. 금액이 크기 때문에 100% 올라도 큰돈이 된다. 장기 투자를 할 때는 스마트폰으로 자녀 계좌를 보기 위한 HTS를 개설하지 않는 것이 좋다. 순간순간 시세의 오르내림에 의해 행동이 흔들리면 안 되기 때문이다. 자식에게 물려줄 주식에서 분석과 투자 전략의 기준은 10년 이상 주도할 산업의 주식이어야만 한다는 것이다.

실천이 곧
최고의 유산이다

- 자식에게 물려줄 주식은 대시세가 기본
- 여유자금으로 투자한 후 대폭락 시 레버리지를 이용하는 것은 무방

이상으로 정리한 자녀에게 물려줄 주식은 10년 이상 보유해야 하고 10배 이상의 수익이 가능한 10년 이상을 주도할 산업이어야 한다. 대시세가 기본이다. 비록 10배 이상의 수익이 아니더라도 몇 배의 수익은 기본이다. 여유자금으로 투자했을 때 1,000만 원으로 매수힌 주식이 고점대비 30% 징도 하락했다먼 레버리시 투자를 이

용하는 것은 무방하다고 본다. 레버리지는 정말 위기가 왔을 때 주가가 전 고점 대비 30% 이상 하락했을 때만 반드시 해야 한다.

물론 섣불리 레버리지를 쓰는 것은 절대 금물이다. 빚으로 투자하면 안 된다는 것이 자식에게 물려줄 주식의 기본 원칙이다. 최악의 경우 경제가 망해서 대폭락했을 때 더 많은 주식을 확보하기 위해서라면 레버리지 사용이 가능하다. 매수단가를 낮추기 위해 아무 때나 레버리지를 사용하면 절대 안 된다는 것을 꼭 명심하고 있어야 한다.

철저한 실행만이 자녀도 돈에서 해방시킬 수 있다. 자녀가 돈에서 해방되고 자녀 스스로 하고 싶은 일을 자유롭게 하고 산다면 부모로서 이보다 행복한 일이 없을 것이다. 아무리 돈이 많다고 해도 그 돈을 지킬 수 있어야 그때 가치가 있는 것처럼 목표와 전략이 수립되었다면 일단 진정성을 가지고 반드시 투자 원칙을 고수해내야 한다.

그동안 10배 수익을 낸 장기 투자 종목이 많았고, 강의할 때마다 알려주었지만, 모두가 10배 수익을 낸 것은 아니다. 원칙을 정하지 않고 투기를 한 것으로 볼 수밖에 없다. 최고의 투자 전략 비법을 몰랐거나 알았다 해도 정확히 실행하지 않았기 때문에 주식 투자에서 실패가 많은 것이다. 필자의 경우 회원으로 하여금 장기 투자 종목을 위에서 팔고 밑에서 재매수하도록 한 적이 없다. 사기만 하지 팔게 한 적이 없는 것이다. 이 투자 전략이 가장 중요하다. 철저한 실행만이 나와 내 자식을 돈에서 해방시킬 수 있다. 지금부터라도 꼭 실천해보기를 권한다.

여유자금이 부족한 직장인이나 돈이 별로 없는 분들에게 삼성SDI는 사주기 힘든 주식일 수 있다. 수년 전 주가가 25만 원 할 때는 1주라도 사줄 수 있었을 텐데 지금은 70만 원이 있어야 1주를 사줄 수 있다. 당장 삼성SDI 주식 1주를 살 돈이 부족하다면 몇 달 모아서 사줄 수 있다. 그렇게 해서라도 사야 할 주식이다. 물론 자식에게 물려줄 주식을 새로 찾으면 그것으로 해도 된다. 단 계좌를 만든 후에는 절대 순간순간 시세나 평가손익을 확인하지 말고 계속 사 모아야 한다.

지금부터 단 얼마라도
자식을 위해 시작하라

　우리 국민들은 얼마의 금융자산이 있어야 부자라고 생각할까? KB금융지주경제연구소의 〈2019 한국 부자보고서〉에 따르면 2019년 기준 금융자산 10억 원 이상을 가지고 있어야 부자라고 한다. 그리고 10억 원 이상 금융자산을 보유한 부자는 총 32만 명이라 한다. 전 국민의 0.63%에 해당된다. 이 정도의 금융자산을 모으려면 부모한테 물려받거나 로또에 당첨되거나 평생 벌어서 한 푼도 쓰지 않고 모아야 가능한 금액일 것이다.

　그런데 주식시장이라면 몇 백만 원 몇 천만 원으로도 누구나 이 정도의 금융자산을 모을 수 있다. 자식에게 물려줄 주식을 사서 사기만 하고 절대 팔지 않고 물려주면 된다. 그리고 부모나 자식이나 그 주식이 10배 이상 수익이 난 후 팔아야 할 이유(성장을 멈추고 쇠퇴기 산업 사이클에 진입할 주식)가 생긴다면 그때 팔면 된다. 그리고 또 다시 자식에게 물려줄 주식을 사서 보유하면 된다. 평생 1종목에서 3종목 정도 투자하면 가능하다. 나와 내 자식이 부자가 되겠다는 강력한 의지와 절실함이 있다면 그 목표는 생각보다 쉽게 이루어질 것이다. 이 책을 통해서 자식에게 물려줄 주식에 대한 투자법을 습득한 후 실천만 제대로 한다면 저절로 나와 내 자식은 부자 대열에 동참할 수 있을 것이라고 필자는 확신한다.

아마 10년 이상 보유한다는 것이 가장 어려운 숙제가 될 것이다. 하지만 나와 내 자식을 돈에서 해방시키기 위한 분명하고 절실한 목표가 설정된 이상 진정성 있게 그 주식을 지켜내기만 하면 된다. 목돈으로 자식을 위해 주식 투자를 해줄 수 있는 부모와 국민들은 많지 않을 것이다. 그래도 방법은 많다. 강력한 의지와 절실함만 있다면 매달 수입의 10%만이라도 자식에게 물려줄 주식을 매수해야 한다. 그리고 길어야 15년 팔지 않고 보유하게 된다면 목표는 이루어질 수 있다. 세상에서 가장 쉽고 안전하게 누구나 거액 자산가가 될 수 있는 방법이다. 지금 당장 이 책 한 권을 들고 주식계좌를 만들어 자식에게 물려줄 주식을 단 1주라도 사 모아 보자. 그러면 시작할 수 있다.

2019년 출간된 필자의 책《실패 없는 1등주 실전 주식 투자》한 권과 많지 않은 종잣돈, 남들과 조금 다른 생각을 가지고 장기 투자를 시작했다면 지금 몇 배의 수익은 기본이었을 것이다. 10년 뒤 20년 뒤 돈에서 해방된 자신의 모습에 더 가까이 나가섰을 것이다. 그런데 지금 어떤가? 설사 작은 돈으로 실천했다고 하더라도 이미 다 팔아버리고 없는 사람이 대부분이다. 철저히 대중 투자자들의 투자 심리에 의한 투자 행동을 하고 있는 것이다. 물론 아직 제대로 된 주식 투자를 배우지 못한 일반 투자자들에게 거액 자산가의 투자 행동을 기대하는 것은 당연히 불가능한 일일지 모른다. 그런데 곰곰이 생각해보면 정답이 있다.

주식 투자를 잘하는 거액 자산가들이 어떤 행동을 하는지 그리고 자신은 대체 어떤 행동으로 주식 투자에 임했는지 자문해보자. 많은 사람들이 증권방송, 유튜브 등 매스컴을 통해서 얻은 정보로 주식을 사고팔기에 정신없었을 것이다. 이 책을 읽은 후에도 변함없이 과거의 행동 패턴이 반복될 것이다. 그렇다면 나와 내 자식의 미래는 암울할 수밖에 없다. 위기의식을 가지고 지금 당장 모든 것을 바꿔가야 한다. 자식에게 물려줄 주식을 선정하여 단 얼마라도 투자한다면, 돈이 생길 때마다 아니면 수입의 10%를 매달 투자한다면 15년 안에 나도 내 자식도 돈에서 자유로운 인생을 살 수 있다.

필자가 주식 투자에 처음 입문했을 때 누군가 이처럼 자식에서 물려줄 주식의 노하우, 즉 10배 법칙을 가르쳐 주었다면 시행착오를 덜 겪고 편안한 방법으로 주식 투자를 했을 거라는 생각을 종종 한다. 이 책을 읽은 여러분들은 자녀에게 물려줄 주식의 비법을 터득했으니 이 방법대로 철저히 현명한 투자 원칙을 실천하기 바란다. 다음은 여러분의 몫이다. 필자의 자녀에게 물려줄 주식 3대 투자 비법대로 실천하는 것은 자식에게 물려주는 최고의 유산이 될 것이다.

부록

o
o

**회원들의
수강 후기**

⁶⁶수익도 수익이지만
이제야 투자에
눈을 뜨게 된 것이 더 기쁩니다⁹⁹

:

저는 15년 정도 주식 투자를 했습니다. 남들처럼 주식에 관련된 책도 읽고, 주식 카페에도 가입을 하고, 몇 명의 투자 전문가를 만나 회비를 내면서 주식 투자를 하기도 했습니다. 저는 분산투자를 했습니다. '자금이 많으면 많을수록 더 많은 종목에 분산투자를 하여 리스크를 줄이면서 수익을 올리자'라는 마음이었지요. 제가 접했던 대부분의 책과 사람들도 분산투자를 강조했기 때문에 적게는 10종목 많을 때는 40종목까지 별 생각 없이 분산투자를 해왔습니다. 하지만 이런 종목들은 장기 보유해도 좀처럼 투자 대비 수익이 나지 않았습니다. 9년간 주식 투자 결과는 참담함 그 자체였습니다.

최근에서야 제 주식 투자에 심각한 문제가 있음을 알았습니다. 모든 주식을 다 팔고 제가 나름 연구한 1종목에만 투자를 했습니다. 1년 6개월 동안 운이 좋게도 100% 수익을 내고 매도했습니다. 그런데 제가 주식에 대한 밑천이 부족한지라 그 다음 어떤 종목에 투자해야 할지 고민하고 있던 차에 우연히 이토마토 TV를 보았고 동방박사님을 만났습니다.

2017년 7월 동방박사 투자클럽에 처음 가입을 했습니다. 그리고 지금 4년이 흘렀습니다. 4년 동안 거래한 종목은 몇 종목 안 되고 그중 한 종목은 한 번도 팔지 않고 돈이 생길 때마다 사 모으고 있습니다. 그동안 제 자산은 수십 배가 늘었습니다.

박사님의 투자 철학은 "시대를 선도하는 1등주에 집중투자를 해서 끝까지 보유한다"입니다. 시대를 선도하는 1등주는 사실 저 같은 개인 투자자는 찾기가 쉽지 않습니다. 주식에 대한 기본적인 지식뿐만 아니라 경제에 대한 해박한 지식, 어쩌면 심리나 철학, 역사관까지 필요할지도 모릅니다. 제가 놀라운 것은 박사님은 시대를 선도하는 1등주를 정확히 찾아낸다는 점입니다. 주식 투자하는 사람의 입장에서 이런 주식을 알면 성공 투자의 절반은 끝난 것입니다. 그리고 나머지 절반은 그런 주식에 집중투자를 해서 끝까지 보유하는 것이고 이는 나의 몫이라고 생각합니다.

4년 동안 돈이 생길 때마다 현물이 되었든 주식 선물이 되었든 계속 사 모았습니다. 이 주식들은 잘 오르다가도 40% 빠지기도 하고 1년 내내 별로 오르지 않을 때도 있었습니다. 그럴 때마다 박사님의 지속적인 교육 강의 덕택으로 종목에 대한 신뢰를 갖고 단 한 주도 팔지 않았습니다. 박사님은 이를 진정성 내지는 우직함이라고 말씀하십니다. 이러한 우직함이야말로 투자의 성공 비결이라고 생각합니다. 투자는 자본이나 머리로 하는 게 아니라 무거운 엉덩이로 하는 것이라는 진리를 박사님을 통해서 제대로 배우게 되었습니다. 그래서 저는 제 인생의 좌우명이자 가훈을 우보천리牛步千里로 정해놓고 살고 있습니다.

저는 요즘 무척 행복합니다. 돈이 많아졌으니까 행복하다고요? 네, 그 말도 맞습니다. 하지만 15년간 길 잃고 헤매다가 이제야 투자에 눈을 뜨게 된 것이 더 기쁘고 행복합니다. 앞으로 제가 생각한대로 이루어질 일들에 대한 설렘이 저를 더 기쁘고 행복하게 합니다. 이런 투자에 대한 가르침을 주신 박사님께 다시 한 번 감사를 드립니다.

존사람70 회원님

⁶⁶제대로 된 투자를 한다면
가장 안전한 것이 주식입니다⁹⁹

:

안녕하세요. 저는 이토마토 동방박사 투자클럽 주식 선물(롱, 숏) 회원, 필명 주안 천재입니다. 간략히 제 소개를 드리자면, 저는 2020년 10월 22일 동방박사 투자 클럽에 처음 가입하여 2021년 11월 26일, 단 13개월 만에, 투자금 4억 2,000만 원으로 58억 원(14배)의 수익을 만들었습니다. 이 모든 수익은 동방박사 최병운 전문가님 덕분이었습니다. 최병운 전문가님의 철저한 리딩과 가르침에 따라 이루어졌으며, 마치 저의 사례가 누군가에게는 평생 찾아오지 않을 것만 같은, 그저 꿈만 같은 이야기로 느껴질 수 있겠지만 그렇지 않습니다.

제가 동방박사 최병운 전문가님과 실전 주식 투자를 함께하며 투자클럽 동일 기간 가장 큰 수익을 달성하며, 성공한 주식 투자 인생을 시작하게 된 가장 큰 요소는 다음 세 가지입니다. 첫 번째 '확신', 두 번째 '집중', 그리고 세 번째 '올인'입니다. 주식 투자에 있어서 철저한 분석과 공부 끝에, 어떠한 기업의 거대한 성장에 대한 '확신'이 생겼다면. 그리고 다른 그 어떠한 종목에 눈길조차 주지 않고 오로지 그 한 종목에만 '집중'하고, 그 기업에 모든 것을 바치는 '올인' 투자를 한다면, 거대한 수익은 반드시 보장됩니다.

동방박사 투자클럽에서 레버리지 활용은 기본입니다. 제가 경험한 사례와 같이, 그만큼 우리가 투자하는 기업에 대한 확신과 진정성을 갖고 다른 투자자들이 그 기업의 가치를 인정해주기 전 최대한 많은 주식 수량을 확보한다면, 반드시 그 기업은 대중 투자자로부터 인정받는 날이 올 것이며, 차곡차곡 장기 투자 해왔던 우리의 목돈이 순식간에 눈덩이처럼 불어나게 되는 경험을 맛보게 될 것입니다.

동방박사 최병운 전문가님은, "대다수의 투자자들이 주식을 도박처럼 위험하게 하기 때문에 주식이 위험한 것이지, 주식은 위험하지 않습니다"라고 말씀하십니다. 전문가님을 통해 배우게 된 투자 비법은 시대 흐름에 부합하는, 실적 성장이 보장된 위대한 기업, 즉 어떠한 경우에도 실패하지 않는, '실패 없는 1등주' 장기 투자입니다.

주안천재 회원님

⁶⁶처음에는 반신반의했지만 초라한 저의 재정 상태를 케어해준 진짜 고수십니다⁹⁹

:

이번 11월 초에 가입한 새내기입니다. 투자클럽 회원으로는 신입이지만 저는 주식으로는 10년 이상 경험이 있습니다. 시작은 그 이상되었지만 직장에 매여 있다는 핑계로 소극적으로 그냥 공부도 안 하고 박사님 말씀대로 그저 '도박심'으로 하다 보니 계좌는 조금씩 계속 감소하고 있었습니다. 이래서는 안 되겠다 싶어 전문가의 도움을 받기로 했고 자연스럽게 접하게 된 곳이 다른 증권TV였습니다. 그곳이 영업을 잘해 주식에 조금만 관심이 있다면 이토마토보다 먼저 접하게 되는 곳이었죠. 그곳의 전문가 10명 정도를 거쳤습니다. 그러면서 계좌는 계속 내려가며 회비까지 더해져 수습이 어려울 정도였습니다.

그러나 다행인 것은 그때는 투자금이 지금보다 훨씬 적은 금액이었기에 감당할 수 있었습니다. 그러면서 역시 주식은 전문가도 어쩔 수 없는 영역이라는 확신이 들어 전문가도 멀리하게 되었습니다. 최근 3년은 주식과는 거리가 멀었죠. 작년 3월 위기 때는 주식을 안 한 것을 다행으로 여길 정도였으니까요. 그러다 은퇴를 해야 하는 시간이 다가오며 뭔가 해야겠다는 생각에 올해 초부터 다시 주식을 시작했습니다. 작년 말에 동학개미들이 돈을 벌었다는 얘기들이 들려 한발 늦게 또 들어온 것이죠. 항상 이런 식의 반복이었습니다. 좀 하다 조정이 오면 힘들어 하다가 막상 오를 때쯤 지쳐 상승 초기에 정리하고 돌아서곤 했죠. 박사님 말씀대로 저는 항상 루저였습니다.

박사님을 다른 채널에서 잠깐 본 적이 있습니다. 제 기억에 그러다 어느 순간 안 보이시더라고요. 그러고는 잊고 있었고 한 3년 전 어느 곳에서 공개방송하시는 것을 보게 되었습니다. 그때 저는 앞에서 말씀드렸듯이 여러 전문가들에게 많은 실망을 한 터라 전문가를 믿지 않는 상황이었고, 그래서 박사님의 말투를 좋게 들을 수 없었습니다. 그때도 두 배, 세 배, 열 배를 말씀하셔서 과장이 심하신 분이라고 생각해 그냥 지나쳤죠. 저는 마음이 작아 1년에 20, 30%만 안정적으로 증가하면 만족이라 생각하는 사람인데 열 배는 정말 말이 안 된다 싶었죠. 아마 밖에서는 대부분의 사람들이 지금도 그렇게 생각할 겁니다.

그러다 11월 초에 이 투자클럽에 가입하게 되었습니다. 10월에 하신 세미나를 반신반의하는 생각으로 들었고 그렇게 선현물을 적금식으로 투자하는 것을 보지도 못했기 때문에 놀랐습니다. 하지만 그 내용을 따져보니 정말 가능하다고 여겨졌습니다. 무엇보다 박사님이 좋았던 건 이 정도 위치까지 오신 분이 계속 연구하고 있다는 거였습니다. 그러면서 내가 "이 분야에서 1등이다"라고 하시는 말씀이 옛날에는 말도 안 되게 들렸는데 지금은 카리스마가 있는 작은 거인으로 보입니다. 겪어 보면 진정 고수의 냄새가 납니다. 이렇게 나의 초라한 재정 상태를 캐어해준 분이 계시던가? 처음에는 이것저것 싫은 소리하며 참견하는 것 같아 기분이 나쁠 수도 있지만 저 같으면 그런 소리 하는 것이 더 힘든 일이라 좋은 소리만 하고 넘어갈 것 같아요. 그럼 더 편하죠. 저는 이런 박사님의 진정성이 느껴져 좋습니다.

이번 호텔 아카데미는 제가 막연하게만 생각했던 것을 구체화시켜준 이벤트였습니다. '올해도 어려웠지만 잘 이겨냈구나' 하는 자기 격려였고 '내년에는 어떻게 해야겠구나' 하는 계획의 완성이었습니다. 어려울 때 우리에게 용기와 힘이 되어주었던 트롯의 공연을 직접 눈앞에서 보니 역시 '어느 분야든 1등하는 사람들은 다르구나' 하는 사실을 다시금 느꼈습니다. 좋은 강연을 기획하고 수고해주신 박사님을 비롯한 스태프 여러분들과 이토마토 관계자 여러분께 정말 감사드립니다. 좋은 전문가를 만났다는 것은 정말 좋은 기회를 얻은 것입니다. 어떤 분이 채팅창에 '저는 박사님이 처음이라 다른 곳은 안 갈 걸예요'라고 말씀하시더라고요. 그걸 보고 저는 이렇게 생각했습니다. '저분은 정말 전생에 나라를 구하신 분이구나. 어떻게 이렇게 좋은 전문가를 처음 한 번에 만날 수가 있지?'라고요. 저같이 어중이떠중이 전문가들에 치여 그게 팔자려니 하고 살다가 포기하는 사람이 대다수일 텐데요. 그래도 저는 주식 투자라는 것에 신물이 날 즈음 이제라도 제대로 된 전문가를 만났다는 것을 로또같이 다가온 행운으로 여기고 있습니다. 좀 길지만 여러분이 얼마나 좋은 상황에 계신 것인지 알려드리고 싶은 마음에 두서없이 말해봅니다. 좀 거슬리더라도 너그럽게 봐주시길 바랍니다. 감사합니다.

프루나 회원님

⁶⁶직장생활로는 만지지도 못할 20억 원의 수익, 이제는 100억 원 이상을 향해 달려갑니다⁹⁹

:

안녕하세요. 동방박사 투자클럽 회원 10milliard입니다. 저는 2018년 1월에 최병운 전문가님께서 리딩하시는 동방박사 투자클럽에 가입하여 현재까지 투자를 해오고 있습니다. 가입 전까지 저는 5,000만 원 정도의 자금으로 여러 주식을 백화점처럼 보유하고 사고팔고를 도박처럼 하고 있었고, 좀처럼 수익이 나지 않아 고수익을 낼 수 있는 방안을 찾고 있었습니다. 그때 토마토TV의 방송을 통해 거액자산가를 양성하신다는 최병운 전문가님을 알게 되었습니다. 그리고 소개하시는 투자방향과 방법이 다른 뭇 전문가들과는 다르고 미래를 지향하고 있다고 판단하여 가입하고 전문가님의 리딩을 받기 시작했습니다.

투자방향과 투자방법은 간단하지만 일반 사람들이 잘 하지 않는 방법이었습니다. 미래먹거리, 10년 10배 이상 가는 고성장산업의 1, 2종목에 집중, 올인 장기 투자하는 것이었습니다. 이에 따라 초기자금 5,000만 원을 리딩해주시는 1, 2종목에 투자하였습니다. 하지만 주가는 반짝 오르는 듯하다가 제자리에서 장기횡보를 하여 수익은 거둘 수 없었으며, 수량도 늘릴 수 없었습니다. 그러나 전문가님께서는 하이로우매매나 단타매매 등에는 절대로 손대지 못하게 단속했으며 주식은 사기만 하는 것이라고 자금만 생기면 수량을 확보하라고 독려하셨습니다. 물론 장기 투자로 가는 것이었지만 다소 지루하고 회의감이 들기도 했습니다.

이 무렵 전문가님의 주식 선물 아카데미를 듣고 주식 선물 투자도 시작했는데, 이것도 약 10개월 정도 오르락내리락 수익 없이 예수금이 원금 이하까지 가기도 했습니다. 하지만 전문가님의 리딩을 꾸준히 따라하여 원금을 상회하는 많은 수익을 낼 수 있었습니다. 어차피 현물을 장기로 가져가는 동안 투자를 계속할 수 있도록 그 수익금으로 주식 선물 계좌를 더 개설하여 리딩을 받아 전기차 그룹주 우량종목에 투자했습니다. 그리고 2020년 3월 코로나 팬데믹으로 폭락장을 맞았지만 주식 선물 매도에 진입하라는 리딩에 따라 폭락하는 가운데에서도 헷지할 수 있었으며 이로써 원금을 확보하여 4월부터 다시 시작할 수 있었습니다.

이후 주식 선물에서 많은 수익을 냈으며, 수익이 날 때마다 수익금 일부를 인출하여 장기 투자하고 있는 종목의 수량을 계속 늘려가면서 이제는 많은 수량을 확보했으며, 투자를 계속하고 있습니다. 초기 5,000만 원으로 시작하였지만 전문가님의 리딩을 따라 한눈팔지 않고 꾸준히 투자해온 덕분에 현재 꿈에나 볼 수 있을, 직장생활로는 만지지도 못할 20억 원 정도로 불어났습니다. 이제는 더 높은 100억 원 이상으로 가는 목표를 향해 투자를 계속해 나갈 것입니다. 최병운 전문가님과 함께라면 반드시 이루어지리라 굳게 믿습니다.

또한 전문가님과 함께 투자를 진행해오면서 적절한 시기에 '자식에게 물려주는 주식 투자' 등 다양한 투자 아카데미를 해주신 덕에 지금 하고 있는 방향에서 더 나아가 주식 선물 수익금으로 아들에게 주식을 사주었습니다. 더 큰 방향으로 주식 투자를 계속해 나가면서 꿈에 부푼 미래를 만들어가고 있습니다.

10milliard 회원님

자식에게 물려줄 주식 투자 원칙

초판 1쇄 2022년 1월 17일
초판 2쇄 2022년 1월 21일

지은이 최병운
펴낸이 서정희
펴낸곳 매경출판㈜
책임편집 정혜재
마케팅 강윤현 이진희 장하라
디자인 김보현 김신아

매경출판㈜
등록 2003년 4월 24일(No. 2-3759)
주소 (04557) 서울시 중구 충무로 2(필동1가) 매일경제 별관 2층 매경출판㈜
홈페이지 www.mkbook.co.kr
전화 02)2000-2641(기획편집) 02)2000-2636(마케팅) 02)2000-2606(구입 문의)
팩스 02)2000-2609   **이메일** publish@mk.co.kr
인쇄·제본 ㈜M-print 031)8071-0961
ISBN 979-11-6484-365-7(03320)